慢，让你更快

如何运用慢速思维做出更好决策

[德] 弗兰克·哈伯曼（Frank Habermann）
[德] 凯伦·施密特（Karen Schmidt） 著
张亚婕 译

机械工业出版社
CHINA MACHINE PRESS

人类会依据感知做出决策，但感知获取的信息会受到价值观、原则和既定前提的影响。因此，感知容易犯错，它就像一个过滤器，只会感知到契合已有思维模式的信息。快速思维是人类与生俱来的思维模式，但它常常会导致我们的感知被扭曲。在变幻莫测的快节奏世界中，人类不能仅仅依靠经验性知识，也需要适时采用慢速思维模式。慢速思维能对信息做出系统且深入的分析，从而让人类更加高效地利用时间。

在本书中，作者将告诉读者如何在复杂的决策情境中优化感知，提高信息处理的效率。书中提供了一系列实用工具、技巧和切实可行的解决方案，帮助读者有效应对日常工作压力，实现个人突破。

图书在版编目（CIP）数据

慢，让你更快：如何运用慢速思维做出更好决策 /（德）弗兰克·哈伯曼（Frank Habermann），（德）凯伦·施密特（Karen Schmidt）著；张亚婕译. —北京：机械工业出版社，2023.7

书名原文：HEY，NICHT SO SCHNELL!

ISBN 978-7-111-73585-4

Ⅰ.①慢…　Ⅱ.①弗…　②凯…　③张…　Ⅲ.①思维训练　Ⅳ.①B80

中国国家版本馆CIP数据核字（2023）第137811号

机械工业出版社（北京市百万庄大街22号　邮政编码100037）

策划编辑：刘怡丹　　　　责任编辑：刘怡丹

责任校对：韩佳欣　梁　静　　责任印制：单爱军

北京联兴盛业印刷股份有限公司印刷

2023年9月第1版第1次印刷

225mm × 210mm · 10.4印张 · 225千字

标准书号：ISBN 978-7-111-73585-4

定价：65.00元

电话服务　　　　网络服务

客服电话：010-88361066　机　工　官　网：www. cmpbook. com

010-88379833　机　工　官　博：weibo. com/cmp1952

010-68326294　金　书　网：www. golden-book. com

封底无防伪标均为盗版　　机工教育服务网：www. cmpedu. com

使用说明

这本书是为想要创造的人写的。

如果你首先考虑的是自己和自己的职业，那么本书概念的有效性就会严重受限，大打折扣。

前　言

决策很困难，但也很重要。在一个公司，决策的质量、执行的一致性与速度决定公司经营能否成功。好的决策建立在拥有足够的知识的基础上，并且要让相关人员参与其中——不是某种程度上参与就行了，而是要合理地各尽其用，各尽其才。乍听起来这可能是老生常谈，但实施起来却并非如此。大家的时间都很宝贵，不想被“指手画脚”，人们希望的是能“完全独自负责”。遗憾的是，这种对于负责的理解往往基于一种误解。吸纳他人的观点并不意味着放弃了责任。恰恰相反，只有在这个时候，人们才能真正承担起责任。强调一下，是充分承担起责任！好的且负责任的决策总是包括对其他观点的包容，而这需要时间。

为什么这一点如此重要？

我们生活在一个变幻莫测 [VUCA：V（volatility），易变性；U（uncertainty），不确定性；C（complexity），复杂性；A（ambiguity），模糊性] 的时代。当前的世界具有数字化、全球网络化、瞬息万变的特征。决策者靠单打独斗，做出有智慧的决定的可能性极低。其他人（专家、执行者等）的观点有助于我们克服独自决策的局限性，以便做出更好的决定。

另外，在许多情况下，做决定最好不要想着“一蹴而就”“一劳永逸”，而是应该一步一步地进行。在不确定的情况下，我不会带着大家铤而走险，直接在冰面上前行，而是会一步一步地来。我要和大家一起检查哪里的冰厚，哪里的冰薄，冰层是在融化还是已冻得很结实了。我在收集了足够的信息，掌握了情况之后，就会继续推进，做出下一步的决定。我会处理整个项目或决策，一步一步地学习——用一个流行的关键词形容就是“敏捷”。

为什么“敏捷决策”如此困难？

因为要理解别人的观点不容易。不同的人有着不同的背景，知晓不同的事情，说着不同的语言。当你理解了不同的观点之后，你还需要对它们进行协调整合。有时这些意见和观点还会再次改变——因为你又掌握了一些情况。所有这一切都需要花费时间，而你又急不可耐地想要将这些事情做完。最后，你在权衡了所有信息后，可能仍然需要排除他人的建议，坚持自己的立场。好的决策需要耐心、理解、勇气和自信。这很辛苦，但很重要。

我在我常去的意大利餐厅“罗西先生”（Herr

Rossi）认识了凯伦和弗兰克。某次，我们聊了起来。我们谈到了决策的困难及我们在公司里如何处理这些问题。他们俩都有多年的咨询经验，而弗兰克更是有作为教授的敏锐眼光。他们对各种决策技巧、窍门和程序信手拈来。决策的过程中充满了趣闻与轶事，还有一些意想不到的关联遐想——海因茨·埃尔哈特（Heinz Erhardt）和诺贝尔奖获得者丹尼尔·卡尼曼（Daniel Kahneman）究竟有什么共同点？与他们二位的讨论对我很有帮助和启发，这也正是本书要讲的内容。

通过阅读本书，你可以了解到什么是好的决策，以及为什么理解他人、整合意见如此困难。你还可以清楚地知道该如何行事，邀请谁参加哪个研讨会，何时参加，如何参加，与到场的参与者具体做些什么，以便更好地准备和做出重要决策。所有这些都会在本书中以一种诙谐、有益和极富启发性的方式进行阐述。

我还想再给你一个建议：虽然有些事情有时在回想起来时会觉得理所当然，但如果心存疑虑，那么不妨先完全按照所指示的方法做，这会很有帮助。是否以及何时进行安静思考，何时独自写下一些东西，以及何时把它们写在便签上与他人一起讨论、补充、整理和协调，都会有很大的不同。书中描述的做法是经过反复思考和多次检验的。因此，尽情享受阅读的乐趣吧。更重要的是，将它们应用于下一个项目的实践中。

米尔科·卡斯帕（Mirko Caspar）

米尔科·卡斯帕博士是一位企业家和营销战略家。他对事物的追根究底抱有极大的热情。无论是在商业上还是在他的另一个爱好——音乐上。年轻的时候，虽然他决定在明斯特学习工商管理，但同时他也签了一份唱片合同。就这样，他开始了在两个世界之间的往返：乐队和学习。他在一家唱片公司做产品管理，然后在麦肯锡工作了 5 年（期间完成了博士学业），之后又在环球音乐工作了 4 年。自 2006 年以来，米尔科开始将他对营销战略的热情用于经营管理自己的公司。在成功创办了一些小型企业后，从 2010 年起，他一直担任欧洲领先的全渠道眼镜店 Mister Spex 的总经理。同时，他还担任了一些监事会职务和顾问职务。米尔科目前在柏林生活和工作。

关于本书

这本书讲了什么?

这本书教给我们如何在时间紧迫的情况下做出更好的决策——不是说任何具体的决策，而是关于组织中方向性的决策，以及这些决策是如何产生的。书中提供了一些领导技巧，说明了在什么时候激活哪种思维模式最好，以及如何在具体情况下将其付诸实践。书中的练习鼓励你在重要的决策阶段（项目开展之前和开展期间）针对自己的问题直接尝试所介绍的技术。本书鼓励尝试和参与实践，还介绍了一系列新颖的方法。

这本书还讲了些什么?

首先，这不是一本关于管理和领导技巧的手册，也绝非决策理论的汇编。其次，本书不会对心理学和管理学的基本概念做详细讨论。最后，本书也不是只提供“傻瓜式”的解决方案。本书提供了一些不一样的东西：启迪你的思维，帮助你做出正确决策。本书原创的方法受各个学科的启发，科学合理，已经过全球范围的测试与检验，同时又不拘一格，简明扼要。对于专注本质的人来说，本书是一个理想的选择。

这本书是写给谁的?

这本书是为想要有所创造的人写的！它是为所有真正想推进一项事业并为此负责的人写的。本书所提出的方法有助于他们更好地理解决策的复杂性和决策过程，可以帮助他们领导其他人，从而做出正确的决定。因此，这本书是写给想学习领导力的人看的。更准确地说，这是一本适合所有领导者的书——无论是否有正式任命，也无论年龄和经验如何。

说明:

（a）本书中将采用“你”的称呼。

（b）本书不使用特定性别的对应形式。我们使用的个体形式——无论使用何种形式——总是指所有人。

做出好的决策需要你集中精力。根据微软 2015 年的一项研究，大多数人集中注意力的时间是 8 秒，还不如一条金鱼。金鱼能达到 9 秒。关于鱼的研究已经证实，不过微软的研究尚未得到证实。我们也并不相信。8 秒，说实话吧！也许这更多取决于我们专注的是什么，最重要的是我们有什么样的动机。这就是本书的重点所在：有动力的决策，以及如何才能做得更好。

本书中介绍的知识是如何产生的?

开放创新

没有人无所不知。本书作者也十分清楚这一点。因此，凯伦和弗兰克在 2013 年创立了“Over the Fence”（跨越栅栏）社区。

“Over the Fence”是一个开放的创新社区，旨在为处理复杂项目并寻找实用工具的人提供宝贵的知识工具。为了实现这一目标，我们在“Over the Fence”上结合了不同的思想领域，将领导力和管理方面的 12 种专业知识与心理学、设计、体育和艺术等其他学科的专业知识相结合，创建了有效而又极其简单的知识工具，任何人都可以使用。书中也列出了一些我们的理念在学校和其他众多项目中应用的实例。

广泛测试

所有的理念都遵循“知识共享”（Creative Commons），这意味着你可以免费使用它们。任何人都可以在工作中尝试和使用本书中所提供的工具。过去的几年里，依据我们的理念设计的工具和编制的指南已有数以万计的下载量。许多用户也向我们反馈了他们的体验，包括好的方面和需要改进的地方。同时，我们也从数十次的研讨会和培训中积累着自己的经验。在此基础上，我们对现有工具不断进行改进，同时，也创造出了新的工具。本书介绍的方法分为两类：新方法和改进的方法。我们诚挚地邀请你参与测试以让它们更加完善！

设计思维与实践

我们在 2013 年发布的第一个工具是“Project Canvas”（项目画布）。本书中的一些方法和灵感正是来自“Project Canvas”的应用。“Project Canvas”是一个决策工具，可以帮助我们进行关于项目想法的决策：项目是为谁而做的？成本是多少？是否可行？这些都是决策。而它们的质量也取决于“Project Canvas”的应用质量。或者换一种说法：一个好的决策不仅是由工具“Project Canvas”决定的，还取决于我们应用它的方式。这一点我们从“设计思维”中学到了很多。它的价值观——首先是客户导向和开放性——对我们有很大的指导作用。我们将其借鉴到决策过程的设计中，并为其开发了新的理念。

阅读本书的 5 个理由——
即使你与管理毫不相关，或者已是一位经验丰富的管理者

这本书不仅是一本“方法集”或“工作手册”，更是一本为想要创造事物的人而写的书——它向我们展示如何更好地合作，如何取得更多成就，并在这个过程中如何享受乐趣。

1 适时出现

当我们面临重大的决策时，这本书告诉我们如何能够一起做得更好。

2 重新诠释领导力

本书所介绍的方法结合了个人责任与共同利益、灵活性与系统性、开放性与坚定性、人性化与客观性等，让当代领导力有了新的基因。

3 展示替代方案

对于目前仍然存在的官僚主义和层级制度，本书也借鉴了那些成功打破现状之人的经验。

4 通用性

本书中的大部分内容并不仅限于企业管理。只要你想实现一些大的目标，你随时都可以用到它，即使是在专业领域之外。

5 本书给你真正的超能力

这些概念可以帮助你确定合适的人来做出重大的决策，也可以帮助这些人更好地相互了解，平等地进行合作。这就是在对你很重要的事情上做出正确决策的方式。这样的决策不仅能取得相关人员的支持，还会得到他们积极的推动。

前人怎么说？

“Over the Fence”的方法帮助人们共同思考和自主决定。集中对话和接纳不同的观点可以提高个人决策的质量。

——尤金尼奥·莫里尼（Eugenio Molini），GAIT（意向转型代理人协会）创始人

本书有趣，不教条，有深度。在我们的合作中，凯伦和弗兰克使“敏捷工作”变得切实可行。

——卡斯滕·戈特克博士（Dr. Karsten Gottke），勃林格殷格翰（Boehringer Ingelheim）全球人才发展高管

本书对快速形成共识有不可或缺的帮助。

——哈拉尔德·韦内斯（Harald Wehnes），维尔茨堡大学教授

这是一个启迪灵感的宝库，为每一个需要做决策的人指明道路。

——萨宾·索德（Sabine Soeder），“Co-Creative Flow”（共同创造流）创始人

我们正在重新打造我们的采购部门。“慢思考”研讨会帮助我的管理团队和采购团队认识到客户世界的复杂性。

——凯·诺沃瑟尔（Kai Nowosel），埃森哲董事总经理

这是进行重要对话的一种简单、直观和协作的方式。由此可以形成一种创造性的氛围，让每个人都愿意参与其中。

——埃里克－梁顺（Erik Leung Shun），布鲁塞尔机场项目负责人

本书鼓舞人心，催人奋进，又让人学会泰然处世。

真是完美的结合！

——安娜－卡塔琳娜·格拉恩（Anna-Katharina Glahn），“Values at Work”（工作中的价值观）创始人

本书的见解独到，十分惊艳——即使是经验丰富的管理者也会觉得惊奇，它指出了我们在实践中经常遇挫的地方。

——斯文·莱曼（Sven Lehmann），道达尔战略营销与研究人员

本书不是在不同主题之间跳跃，而是冷静和集中地探讨。

——大卫·莫尔奇（David Molch），UKA环保电厂项目开发协调负责人

“Over the Fence”的多重输入，让我们能够在“慢思考”中形成一种与“Project Canvas”相关的项目管理方法，这将成为所有项目的主导方法。

——英戈·霍恩（Ingo Höhn），北莱茵－威斯特法伦州信息与技术局项目规划团队与项目管理办公室负责人

这是一张极其珍贵的藏宝图。

——海伦娜·斯特恩科普夫（Helena Sternkopf），“Junge Tüftler”（青年发明家）产品管理人

本书易于理解，可操作性强！

——约翰尼斯·弗林斯（Johannes Frings），VEDA技术顾问与OKR专家

本书将有趣的方法与扎实的专业知识相结合。

——史蒂芬妮·奎德（Stefanie Quade），作家与首席服务设计师

本书呈现了富有激励性、吸引力和极具价值的内容。这种方法不涉及“对与错”——它只是为了发现本质的信息。

——尤金妮亚·加尔加洛（Eugenia Gargallo），Up培训俱乐部创始人兼董事

目　录

第一部分 不要相信你所以为的一切！

专业感知与决策

第二部分
慢是新的快！

决策过程中的“慢思考”指南

第三部分

复杂时代的

从容处事！

创造你自己的“慢思考”方法

您可以从我们这里免费获得本书所需要的工作材料（见“资料来源”）。

第一部分

专业感知与决策

我们的大脑不善于处理数据。相反，它喜欢简单的结论和不假思索的猜想。在这一部分，我们会展示我们的感知是如何工作的。我们还会阐述组织中典型的感知错误，探讨变幻莫测的 VUCA 时代对决策过程提出的特殊挑战。

01 感知具有决定性

感知是一件“大事”，来自哲学、心理学、神经学和数学等学科，当然，还有经济学的众多学者，对此已经研究了几个世纪。特别是在经济学这一学科，近年来涌现出大量的研究论文和出版物，其中有许多都很出色，很有价值。我们并不想重复、总结或重新包装这一切。相反，我们要做的是有意忽略这些，并专注于可行的内容，专注于如何在日常业务的压力下行动起来。我们要传达基本理念，帮助组织中的人们做出引领潮流的决策。

我们所感知到的与感知不到的

决策基于信息，信息基于感知，而感知又以模型为基础。最重要的且最根本的是我们的心智模型，它建立在价值观、原则和假设之上。心智模型有关于个人的，也有关于集体的，可以说就是不同的关于“我们”的圈子。其中，最小的圈子是我们自己。我是谁，圈子有多少人？有这样的圈子，有那样的圈子，我们在一个个的圈子里相互周旋。下文中将会讨论这个问题：我们是如何周旋的，以及我们如何做到不会晕眩。

感知是一个过滤器。我们感知到的世界是我们的心智模型所准入的那些方面。这也适用于所有的衍生模型。是的，所有，没有例外！技术模型（比如，IT系统）和业务模型（比如，KPI系统）都属于这个范畴，都是大型的现实过滤器，但我们有时会忘记这一点。“KPI（关键绩效指标）说明了一切！”“你无法管理不能衡量的事物。”有的人对此深信不疑。但相反的情况可能更真实——能被衡量的东西就会被管理。彼得·德鲁克（Peter Drucker）早就说过：“信息创造它自己的现实！”

有了衡量指标之后，我们就可以进行管理了。我们是如何管理的呢？当然又要用到模型。由此，就形成了一个连续的现实过滤过程，这个过程是不自觉的且呈平方增长的。当这一切达成，我们就可以置身事外了吗？很难。但意识到这一点会有帮助。这就是本书的内容：决策中的自觉感知。

如果我们不曾有意识地去感知，那么至少我们会有意识地去决策吗？有一个著名的观点，即大多数决策甚至不需要做出，因为其结果从一开始就已经确定了。我们真的应该引进CRM（客户关系管理）系统吗？真的应该聘请顾问吗？真的应该搬到更大的大楼中吗？问题出现的那一刻，答案往往已经确定，剩下的只是将其具象化并消除认知上的不协调。换句话说，在“感知—决策—实施—结果”的作用链中，自我意识的重点通常是结果，而极少关注感知。我们希望扭转这一局面。在本书中，我们将专注于感知。你将了解到有助于我们以不寻常的方式进行感知的方法，从而学会更好地对决策深思熟虑，并由此得出好的结果，而非已经确定的答案。

> 天才不过是拥有以不寻常的方式进行感知的能力。”
>
> ——威廉·詹姆斯（William James）

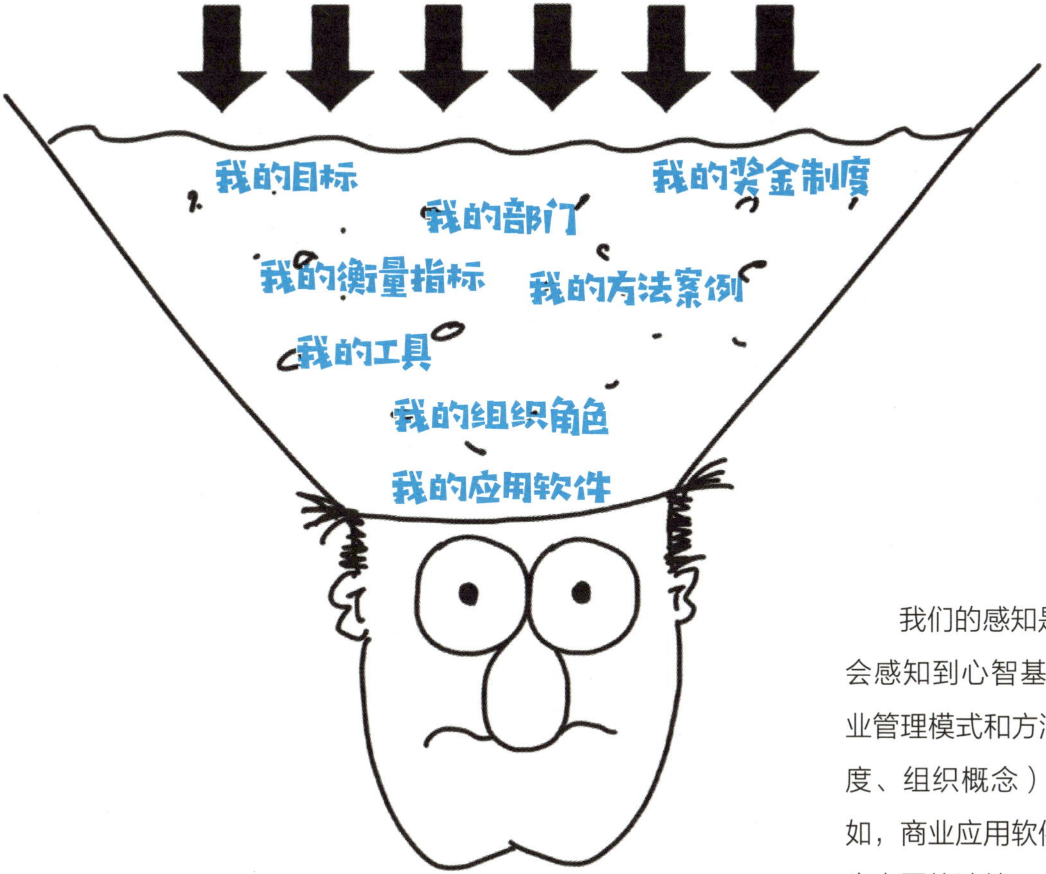

我们的感知是一个巨大的过滤器。我们只会感知到心智基础设施允许通过的东西。商业管理模式和方法（比如，奖金制度、KPI 制度、组织概念）与我们使用的技术工具（比如，商业应用软件）一样，都是对我们的感知生态圈的浓缩。

感知力是可以训练的

佳能公司 2015 年的一项实验说明了专业感知的潜力。在实验中，实验者在不同专业水平的人们——非专业人士、摄影专业学生和专业摄影师面前分别放一张同样的图片。所有人都被要求在一定的时间内认真观察这张图片。实验采用眼球追踪技术，对人们的观看情况进行了记录和比较。下页的图片展示了实验的结果。

在相同的时间内，专业摄影师可以比非专业人士处理多几倍的信息。非专业人士的感知停留在个别点上，会被一些无意义的细节所“绑架”，而受过专业训练的人眼光则更加开阔。专业摄影师想要看到的是整个画面。专业的感知不会让注意力分散，而是会坚持不懈且系统地搜寻信息。摄影专业学生的实验结果数值表明：我们也可以训练自己的专业感知。这适用于摄影，对决策也同样适用。

不过，在组织的决策过程中，我们面临着更为复杂的挑战。因为组织决策，尤其是涉及方向性的决策，关乎的不仅是个人的“正确”感知，还会有在一个彼此相异的群体中“协调一致”的感知。

本书中的方法使你能够帮助他人思考，在决策过程中确保他们的感知不会被转移和“绑架”。同时，你也要努力帮助整个团队冷静分析，哪怕是相互矛盾的信息，从而做出更好的决策。

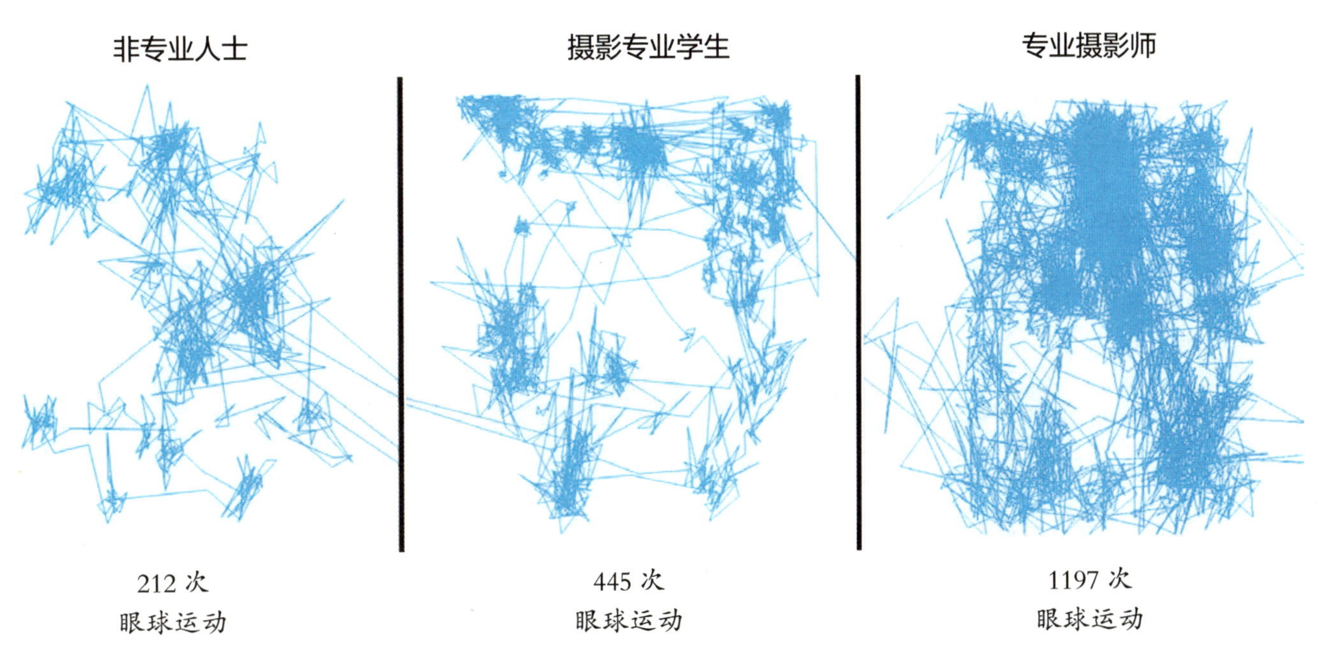

资料来源：佳能 2015 年“痴迷实验”。

我们的感知如何运作

诺贝尔经济学奖获得者卡尼曼在他的畅销书《思考，快与慢》中描述了两种不同的思考“系统”之间的对立：

系统 1：**快速、无意识、感性**

系统 2：**缓慢、有意识、理性**

卡尼曼以报纸新闻编辑部为例，解释了这两种思考系统的相互作用。在一个编辑室里坐着非常勤奋且不知疲倦的编辑，他们不加检验地去“发掘”所有新闻——不管它们是真实的还是虚假的（系统 1）。在隔壁编辑室里坐着一个极其懒惰的主编（系统 2），他浑浑噩噩，打着瞌睡，只是让编辑们做他的工作。要让他醒过来可不简单：他的表现会与之前的形象大相径庭。他一醒过来就会变得非常活跃，对编辑们的工作横加质疑。

卡尼曼认为，“快思考”等同于“不自觉推理”“凭感觉决策”。这是我们的默认模式，是我们稳定的感知运作状态。需要注意的是：“快思考”无所谓好也无所谓坏——这只是我们一直在做的。因此，问题不在于我们是“快思考”或“慢思考”，而在于我们能多少次做到既可以“快思考”又可以“慢思考”，以及在哪些情况下我们应该启动我们的“慢思考”以避免感知上的重大错误。

自觉的感知需要“慢思考”

“快思考”有很多好处，比如，它很高效。既然根据很少的数据已经可以得出真相，那么为什么还要继续收集和分析数据呢？当我们遇到非常熟悉的模式时，“快思考”就很有帮助。比如，我们每天早上穿衣服、开电脑或在当地酒吧买我们喜欢的饮料。在日常工作和生活中，“快思考”能带来非常好的结果。“快思考”是我们与生俱来的运作模式，这不是没有道理的。它可以使我们保持活力，为我们节约资源。

“快思考”的缺点在于它需要一个非常熟悉的环境。然而，当今世界的变化越来越快（我们将进一步讨论这个问题），在不断变化的环境中做出的方向性决策与在熟悉和已知的环境中做出的决策几乎完全相反。而“快思考”需要凭借熟悉和常规才能可靠地发挥作用。“快思考”需要烂熟于心，面对同样的情形掌握丰富的经验。“快思考”可以在熟悉的情境中产生好的结果。但在未知和新的情况下，“快思考”有可能产生明显的感知扭曲。

创造力受阻

丹尼尔·卡尼曼认为，“快思考”其实就是人们基于极少的事实和数据，无意识地创作主观连贯的故事的过程。他已经证明，人们往往很快就会爱上他们创作的“主观连贯的故事”。当我们发现一个看起来连贯的故事时，我们就会对它产生一种情感上的联系。我们想要相信这个有关真相的版本，下意识地去捍卫它并寻求认可。我们把所有精力都花在了这上面。因此，在某种程度上，我们的直觉阻碍了我们的理智——它阻止我们不带偏见、创造性地寻找其他方法和更好的解决方案。而且，不管我们愿不愿意，这种情况都会发生。

思考很难，所以大多数人都只做判断。

——卡尔·古斯塔夫·荣格（Carl Gustav Jung）

选择性感知

因此，“快思考”会产生简单、自洽的答案。如果我们喜欢这些答案——粗俗地讲，如果它们是“我们的菜”——那么我们就会感觉很好。我们一般不会质疑直觉上自洽的答案和评价。相反，我们会不自觉地寻求对它们的认可，让它们指导我们进一步思考和行动。而且令人惊讶的是，即便我们知道自己掌握的所谓真相依据很少，数据也未经验证，但我们依然会这样做。“快思考”是组织学大师马奇（March）与西蒙（Simon）所说的“选择性感知”和奥托·沙默（Otto Scharmer）所说的信息“下载”的认知原因。一旦我们的大脑获得了可以产生连贯画面的数据，这就会阻碍其进一步收集数据的进程。对此，我们的大脑直接中断了积极的倾听、冷静的观察和专心的信息收集——它会满足于自己已经掌握的信息，并任其引导自己。而这种中断是不自觉发生的，我们并没有意识到。我们都知道这样做的实际后果：会导致激烈的讨论、漫长的争辩，以及召开毫无效率的会议。

总的来说，我们很难自然控制自己的快速且直观的思维。有时，“快思考”会在我们既不需要也没有意识到的情况下出现。挑战性的决策过程会遇到这种情况。尤其是在有些项目的初始阶段——决策准备阶段，我们肯定会面对“快思考”导致的不良后果。因此，我们应该在重要决策过程的早期阶段学会“慢思考”。

在本书接下来的各部分中，我们将介绍一些基本原则和具体的实用技巧，帮助你避免决策过程中的感知扭曲，从而提高决策的质量。

对于那些觉得文字太多的读者，我们的“慢思考宣言”也为你提供了一条实用的“捷径”（见下页）。

“在同样的环境下，每个人却都生活在不同的世界。

——亚瑟·叔本华（Arthur Schopenhauer）”

“慢思考”决策不需要很长时间。一般来说，它甚至比通常的决策方法所花费的时间更少。这是因为我们通常的思考模式——“快思考”模式——经常会导致我们陷入选择性感知及相应的耗时的争论中。“慢思考”则通过系统和冷静的信息分析，力图更有效地利用时间。因此，“慢思考”不是“蜗牛”，而是“刺猬”。“快思考”更像是下页图中的“兔子”，虽然跑得快，但还是输掉了比赛。至少对于每一个超出组织常规的方向性决策来说，这都是适用的。

因此，决策过程中要引入“慢思考”。实现这一目标，最简单的方法就是借助我们在“慢思考宣言”中的描述。

我们超越常规，发掘更好的新型合作方式

我们重视：

提问 先于 回答

观察 先于 评价

换位思考 先于 表达观点

自我反思 先于 评判

人们倾向的“快思考”会导致不良后果。左侧的行为能够促进“慢思考”，有助于提高右侧行为的质量，因此，我们应该有意识地频繁进行左侧的行为。

在直觉上认为必要的时候，你要始终比你的直觉更多做一次左侧的行为！

02 组织中的感知障碍

本书中所说的“组织”，指的是人们聚集在一起工作，由人创造的结构。换句话说，组织是人为的事物，主要包括组织单位及适用于它们的结构和规则。正如我们所说，所有这些都是由人想出来的，由人做出来的。然而，它一旦存在，就会发展出自己的生命——就像信息一样。之后，“组织文化”出现了。它是一个属于组织自己的感知系统，包括组织的典型语言和假设。本节主要论述我们如何看待组织中的事物，以及我们如何更好地处理这些事物。

组织单位

“采购部想要这个，而销售部想要那个。”有一天，在一次演讲之后，一位企业经理找到我们，说：“也许你们可以帮我，我的项目目标太容易变了。”我们问：“你是什么意思？”“今天往东，明天往西！”我们好奇地看着她。“谁是你的领导？”我们问。“董事会。”她回答。“那么，董事会叫什么名字？”女人不解地看着我们。“嗯，董事会。”她说，然后大步走开了。

客观性的错觉

这段对话说明了组织中的非人性化现象。特别是当组织规模比较大的时候，我们经常从组织单位的关系来考虑什么是好的决定，而很少从人的关系来考虑。我们经常听到的答案是：“为组织目标服务的决定！”这是所有人在商业学习中都会学到的一个简单的答案。但“组织目标”究竟是什么？“组织”到底又是什么？我们可以与组织交谈，并询问它们想要什么吗？我们可以与组织一起思考一个好的决定吗？不，我们显然无法做到——就像我们不能与部门、机构或其他抽象实体这样做一样。我们只能与人交谈和思考。否则，我们就是受到了客观性和可互换性错觉的影响。“销售部”一开始什么都不想要！“销售部经理汉斯约格·纳赫特韦赫”可能想要一些东西，而且可能与前经理“伊丽莎白·舒尔策”或继任者“克劳迪娅·托马西”想要的东西完全不同。人们会担任同样的职位或从事同样的工作，但这并不意味着他们就有相同的意图、目的和动机。

在我们的演讲结束后，我们又与这位经理进行了交谈。事实证明，董事会中有两个人是想要这个项目的。一个人想要它是因为要“往东”，另一个人想要它是因为要“往西”。这样的事情时有发生，这是有原因的。你必须认识到这些原因且了解它们，然后有意识地做出决定。

工作的分割

一个工程师为他的工程技术感到自豪，设计师为他的设计成果感到自豪，销售经理为他的销售业绩感到自豪。所有人都认同自己的专业知识成果。他们很是着迷，很是自豪。

可能在人类的天性中，统一也总是导致分离。这是凝聚和排斥的永恒之舞：

- 我们是工程师——你们是经理
- 我们是 IT 专家——你们是人事经理
- 我们来自 0815 部门——你们来自 0816 部门

能更好思考的人更了解自己——当然不是别人。

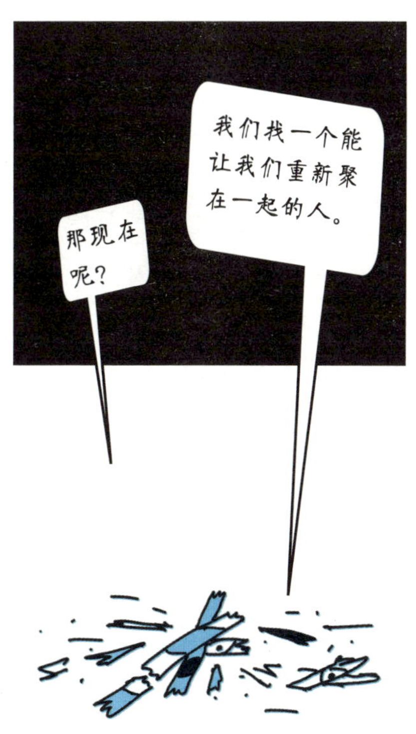

灵感来自拉里·斯通（Larry Stone）

但为什么不是别人呢？为什么是“更好”呢？每一项重大任务对一个人来说是不是都太大了？当然是的，这就是我们要分担工作的原因。随着劳动的分工，我们也创造了思想和观念的分工。不仅要有几只手，还要有几个头脑在一起工作。因为角度和视角的关系；因为专业知识和专门化的关系；因为对于重要的事情，我们必须真正深入了解的关系。我们要了解决定成败的细节所在。但很遗憾，每个人都不可能了解一切。我们要了解自己。与其追求广度，不如追求深度。如此，我们自己也是专家。

经理也是专家，至少他们应该是能将工作协调合并的专家。合并比分割困难得多。因为在分割的过程中一些东西会丢失，这些往往会被忽视。但一些东西也会被添加，这些却经常会被注意到。比如，栅栏、围墙和障碍物。由此产生了一块块精细分割的圈地围场，也不可避免地形成了（专业）方法和（专门）知识的“孤岛”。但如果我们想创造一些有价值的东西，就必须克服它们。当涉及复杂的重大决策时，我们必须越过栅栏，离开我们狭小的感知围栏，学会一起更好地思考。

语言

大多数人在学校里就开始学习各种语言，比如德语、英语、法语、西班牙语，还有其他许多语言。有些人学的甚至是“死语言”，比如，拉丁语或古希腊语。然而，即使是我们中最有语言天赋的人，也只能学会现有语言中极少的一部分。而现有的语言已有几千种了吧。

那么问题来了：这对我们在组织中的决策是否会有影响？“当然有！”至少对所有国际组织来说都是如此。因为语言不仅仅是语言，也是文化的一个维度。我们必须学会文化间的合作，必须克服（语言）障碍与（文化）界限。我们已经讨论过“孤岛”与“障碍”的问题，而语言又让我们对问题的考量增加了一个数量级。

此外，“语言”并不是只有一种。除了前面提到的类型——包括 6000 多种世界语言——还有许多其他类型的语言，肢体语言就是其中之一。人工创造的语言，如编程语言也是如此。归根结底，语言不过是一种服务于交流的符号系统。我们需要这种符号系统作为交流信息和知识的工具，从而克服工作的分割。

但我们需要的不仅是这些符号系统中的一种，而是很多种。这也正是任务要求如此苛刻的原因（并不是说费力）。

而说回到外语，学习一门外语相当困难。但学外语确实有其优点，比如，我们可以立即意识到我们是否理解别人。

Chan eil seo fìor airson a h-uile seòrsa cànan.

Yoksa katılmıyor musunuz?

Ilmselt mitte.

A pokud ano, je to jen proto, že tu nemluvíme čínsky.

That’s great, isn’t it?

并非所有类型的语言都是如此。（苏格兰盖尔语）

还是您不同意？（土耳其语）

可能不是。（爱沙尼亚语）

如果是这样，那只是因为我们这里不会说中文。（捷克语）

那太好了，不是吗？（英语）

在我们继续讨论之前，我们邀请你进行一个实验。通过这个小实验，你可以测试你自己的感知模式。实验只需要几秒钟。你需要准备一支笔和一张纸。不过，这个练习只有在你真正写下一些内容时才有效。

东西准备好了吗？那么我们可以开始了。

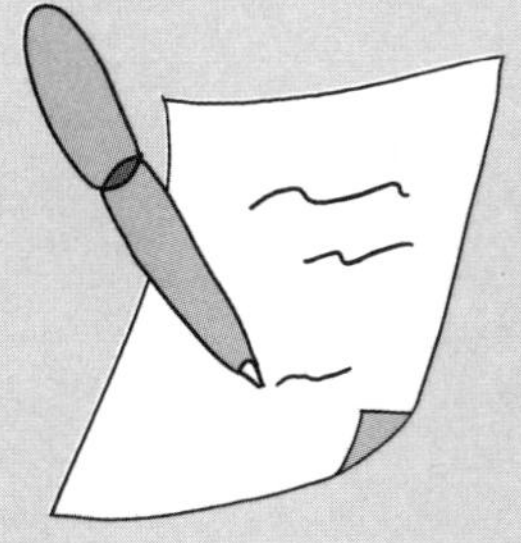

练习： 尽可能快地回答下一页的问题。请在最多 10 秒内写下你第一反应的答案！

什么是

“值”？

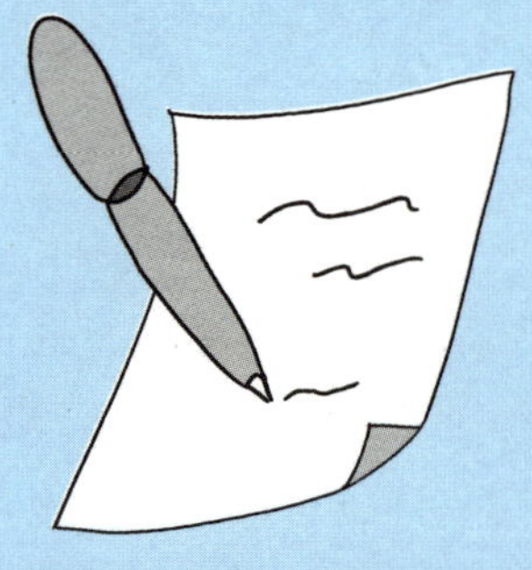

在 10 秒钟内写下你第一反应的答案。

几年前，我们为一些来自印度政府的 IT 主管们组织了一系列研讨会。这些人都受过良好的教育，他们都拥有计算机科学或理科方面的学位且大多来自美国的精英大学。研讨会讨论了“公民友好型电子政务系统”的设计。当我们谈到对现有的申请外国签证的软件所期望的改变时，出现了“值”一词。我们走到白板前，画了一个矩形，并在里面写上了“值”。在它旁边，我们又画了另一个矩形，里面写了“公民”一词。我们将两者连接起来。关于这幅图的含义，我们解释说，印度公民对改进的申请流程（更好的“服务”）和有效的签证文件本身（即完美无缺的“产品”）都赋予了一定的价值。

“这不是‘值’！”IT 主管们异口同声地说道。

“你们是什么意思？”我们疑惑地问道。

“这不是‘值’，”他们重复道，“‘值’是‘有效性’字段中的数据条目，即 90 天或 180 天！”

自从那次经历后，我们询问了数以千计的人对“值”第一反应的理解。

你的回答是什么？

你的回答是什么?

无论人们来自哪里，从事什么样的工作，有多少经验，
他们的反应都可以归为以下三类。

生活类

友谊、爱情、自然、食物、家庭、健康、尊重、假期、休闲、自由、幸福、尊严等。

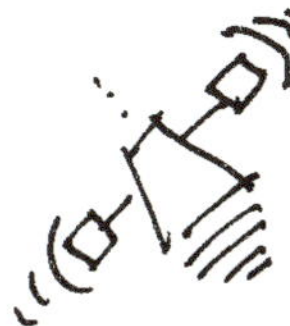

技术类

数字、数据、编号、单位、对象、参数、实体、属性、元素、大小、比例、索引等。

商业类

金钱、价格、利润、客户、产品、资本、质量、营业额、合同、对价、销售额、收入等。

> 我的语言的界限意味着我的世界的界限。
>
> ——路德维希·维特根斯坦（Ludwig Wittgenstein）

一开始，我们问“值”的问题更多是出于好奇。后来，我们进行了认真的实证研究。在这个过程中，我们总结了各职业群体的答案——并认识到了在理解日常语言方面的专业倾向性！

关键的一点是，这不是我们听不懂的外来词语或技术术语。“‘值’的问题实验”所揭示的是别的问题：只要我们开始在一门学科中学习和工作，我们就会倾向于以一种非常特殊的方式理解诸如“值”之类的日常术语。而事实证明，我们对日常母语的感知转变非常快。

这在下一页的示意图中进行了说明。还在上大一的年轻本科生给出的答案仍然主要与现实生活相关，而硕士研究生给出的答案已经显示出了特定学科的烙印。当我们询问非常有经验的商业经理人时，他们或多或少地会从商业意义上解释每个词。商业经理人的这种语言感知又与其他职业群体，比如，工程师和IT专家有着根本的不同。其他职业群体也在发展日常语言过滤系统，只是其作用方式完全不同。

因此，在基于分工的高度专业化的组织中，我们可以有把握地认为，我们彼此并不了解。不仅是因为我们使用不同的技术术语或不得不应对外国语言和文化，也因为我们有时对母语中的日常用语的解释也完全不同。而且由于这种情况是在无意识且未被察觉的情况下发生的（系统 1），因此特别难以掌握。然而，如何掌控它是对组织决策的一项重大挑战。

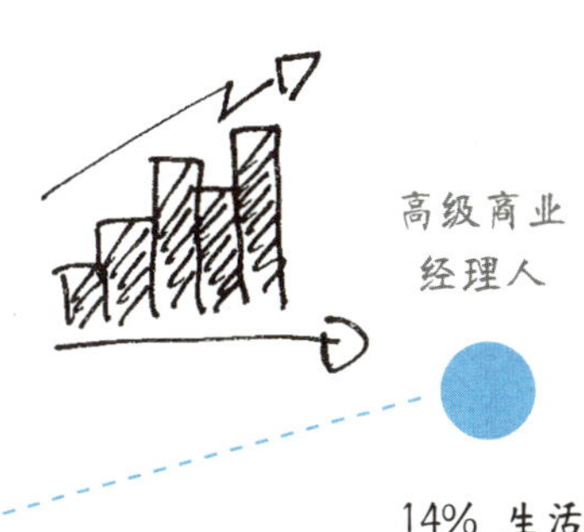

高级商业
经理人

14% 生活类
4% 技术类
82% 商业类

商科硕士
研究生

32% 生活类
6% 技术类
62% 商业类

商科
本科生

68% 生活类
9% 技术类
23% 商业类

25% 生活类
53% 技术类
22% 商业类

计算机科学
硕士研究生

13% 生活类
67% 技术类
20% 商业类

高级
计算机工程师

如果我们沿着图片中的时间路径，从商科本科生到硕士研究生再到经验丰富的商业经理人，我们可以感受到我们的心智模式是如何强烈地被我们的专业培训和工作环境所塑造。我们会对不同职业群体的感知世界分化的速度有一个印象。

假设

一个真实的故事

一家大型汽车公司希望通过在线渠道销售更多的汽车。为此，它们准备成立一个新的“数字服务”部门。公司组建了一个由 8 名内部专家组成的创新团队，还聘请了两名外部顾问。其中一名顾问建议，以客户允许服务商直接进入其银行账户的方式来设计该服务。这样可以从根本上减少信用检查和支付处理的工作量。作为对客户的激励，服务商可以让客户享受部分金额上的优惠。而且这样做也可以为客户节约不少时间成本。

尽管存在争论，专家们还是断然拒绝了这一提议。“在德国，没有人会允许别人访问自己的账户！”他们异口同声地解释道。即使作为一个可选项，即一个常规程序之外的选择，该建议也被专家们否决了。他们坚定地认为：“在德国，没有人会允许别人访问自己的账户！”

不久之后，另外一家零售集团提供了这样的优惠：客户可以非常低廉的价格购买一款特殊车型。唯一的条件就是接受完全数字化处理：信用检查和付款完全通过直接访问客户账户进行。在很短的时间内，很多汽车通过数字柜台完成了交易。

确认偏误

这个故事说明了推理中所有错误的根源，即确认偏误。它是指每个人都倾向于确认自己的假设和期望。同样的道理也适用于一群人，如果他们在一个类似的环境中一起工作足够长时间，那么这个群体会变得“同质化”，大家“步调一致”。这种一致的步调就是共同的假设。共同的假设如果是有根据的和准确的，那么就非常好。但如果发生了偏误，弄错了，则会很危险。正如汽车公司的案例那样，这种情况太容易发生了。如果我们没有意识到这些问题，事情就会变得很复杂。

无意识的假设

无意识的假设基于无效理论或极其模糊的理论。比如，“没有成绩的成绩单会危及绩效原则”“气候保护措施是工作的杀手”“如果每个人都能做得更好，整个团队就会更好”。

无意识的假设是信条，是复杂关系的简单公式。这样的假设看起来太值得相信，这也让它们成了顽固的信息过滤器。如果我们无意识地做出某些假设，那么我们的自然感知、我们的常识便会竭尽全力为支持我们的假设的正确性寻找证据。矛盾的论点会被隐藏或否定。通常会以“例外”“特例”或“特殊情况”来证明其合理性。因为不可能存在，所以不允许存在。允许存在的情况只能属于我们很小的且未曾思考过的那部分感知世界。

假设的验证

但是，即使我们意识到我们的假设，并主动对其进行验证，我们仍然会犯一个系统性的错误。对此，心理学家彼得·沃森（Peter Watson）早在 20 世纪 60 年代就研究过。他能够证明，人们对自己所做的假设——也就是有意识的假设——更有可能会去验证其有效性，而不是去反驳它们。

这就是说，我们的感知是“两极分化”的。我们会自然而然地去寻找能证实某种假设的论据，而通常不会去寻找那些挑战我们已经做出假设的信息。

这样做的问题是，所谓普遍有效的陈述，只有调查过所有人才能验证。如果只是从几个正面案例中就得出一个假设的普遍有效性，那么这个结论是不可被接受的。如果有人以操纵性的方式这样归纳结论，还援引“事实”和“实证”，那么这样做就不过是宣传鼓吹。

一个思想实验

为了说明问题，让我们做一个思想实验：假设你的一个朋友拥有一家口香糖工厂。他让你做一项研究，看看“嚼口香糖是否能提高注意力”（这就是假设）。如果你想帮这个朋友的忙，那么你可以进行一项研究，找到 100 个咀嚼口香糖能提高注意力的人。事实上，你都不需要撒谎或作弊就可以找到这样的例子，而你的朋友就可以开始一场漂亮的营销活动。

然而，如果你对真相感到好奇，那么就会采取不同的做法。比如，你会随机抽取两组做对照实验，然后进行研究。你会发现，实验组和对照组之间没有明显的差异。该假设将被证伪：嚼口香糖并不能提高注意力（事实上就是不能）！

我们认识到：处理假设并不容易。但我们可以学习如何更聪明地应对这个问题。这样做的先决条件是要有共同的意愿，更加接近真相的意愿——以及去找出真相的勇气。

在第二部分再次讨论这个想法之前，我们将为你提供一些小游戏，让你了解组织中 4 种类型的错误假设。

一个有关头发的问题

证明：在柏林至少有两个人头上的头发数量完全相同。

在 5 分钟内写下你的答案。

看似无解，其实可解

你证明了吗？还是你根本没有尝试？对许多人来说，这项任务似乎是不可能完成的：这么多人，这么多头发，这么多组合。事实上，通过一遍遍数头上的头发来证明这一点是不切实际的。但数头发正是人们首先想到的。我们一看到这个任务要求，脑海中浮现的就是这个画面。而这个画面阻止了一些人去追根究底，了解它的真相。这是为什么呢？因为这种画面会使我们变得情绪化，因为直觉会告诉我们，这根本是不可能的。“这不可能……”，我们嘟囔着常识，然后转身，直接进入死胡同。

事实上，这个命题很容易证明，只是不是通过数头发，而是应借助数学和统计学的手段（见书后的“谜题解答”）。在上述汽车公司的案例中，要想知道客户是否允许服务商直接访问其账户，同样也很容易。但这需要“设计思维”和市场研究方面的专业知识。然而，案例中所涉及的专家只是数字化方面的专家；在客户导向方面，他们是外行。

而作为一群同质化的外行，他们更容易受到错误假设的影响。

这是谁说的？

“年轻人不再尊重老年人，故意表现出不修边幅的样子，一心想要颠覆，不愿意学习，对传统的价值观不屑一顾。”

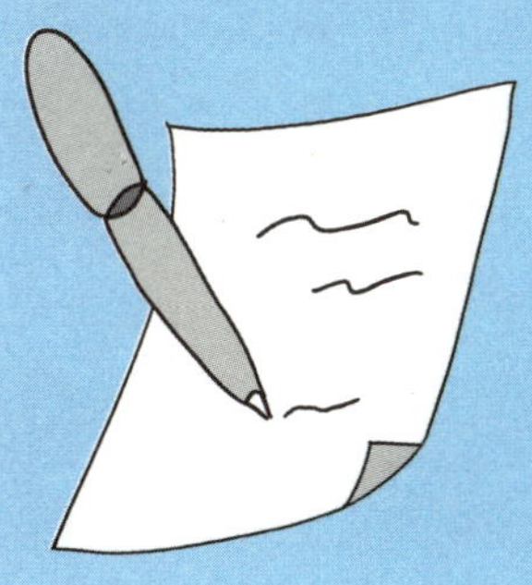

在 30 秒内写下你的答案。

看似可解，其实无解

比起“谁”说的，更有意思的是“何时”说的。这句话被发现于大约 5000 年前苏美尔人的一块泥板上。直到今天，这种“一代不如一代”的论调仍然不绝于耳。虽然没有任何证据表明年轻一代智力、价值观的下降与变化，但老年人却不厌其烦地抱怨着这一点。人们也从不厌倦地要求“采取措施，解决代际间的冲突”。从古至今，情况一直如此。但处理它有意义吗？花费精力在这上面真的明智吗？究竟是为了什么呢？真的有必要解决这个问题吗？我们难道不应该假设，一个 5000 年前的问题实际上真的没有解决办法吗？

与代际冲突类似的长期问题也存在于组织中：层级冲突（上 / 下），部门冲突（左 / 右），客户导向问题（内 / 外）。这些大多只是因为我们是人且在转变视角方面存在巨大的困难这一事实。道格拉斯·麦格雷戈（Douglas McGregor）的人性假设 X—Y 理论证明了这一点且令人印象深刻：大多数人对自己的假设是 Y 理论（有动力 / 积极），但大多数人评价他们的同事则是 X 理论（懒惰 / 消极）。这种情况可能会永远存在。我们应该学会与其合作共处，而不是背道而驰。

每个开关分别对应哪盏灯？

你买了一栋老房子，现在正独自检查。你来到地下室，发现墙上有三个开关且都处于关闭状态。这三个开关控制着一楼的三盏灯。但你不知道哪个开关对应哪盏灯。

从地下室看不到一楼的灯是开着的还是关着的。如果你只想上一楼一次，那么，你要如何才能知道每个开关分别对应哪盏灯？

在1分钟内写下你的答案。

看似重要，其实并不那么重要

在解决一个问题或要抓住一个机会时，什么是真正重要的？在做决定时，我们应该关注什么？这个关于灯的任务让我们认识到，有时要确定真正的“游戏改变者”是多么困难。

灯会亮，这是灯显而易见的功能。但仅靠会发光这一点还不足以解答这道题。如果我们只关注灯会发光，那么我们永远无法解决问题。因此，我们必须迅速做进一步的考虑。灯还有哪些其他属性很重要？没错，发热！只要我们将发热的属性纳入考量，我们就可以将灯和开关一一对应（参见“谜题解答”）。

在做决定时，我们常常在主要特征上花费大量的精力，尽管都是些“日常用品”，几乎不会有什么影响。而往往一些具有“异域色彩”的特征，作为另一个极端，会凸显出来，尽管它们完全不重要。在我们关于“神奇的咖啡体验”的小组练习中，我们可以证明，所有的小组都被咖啡品种的名称“巴拿马埃斯梅拉达特产”（Panama Esmeralda Special）所吸引。因此，异域色彩——花哨而陌生——和太过明显的特征一样，会“劫持”我们的注意力。两者都是时间和注意力的“窃贼”。然而，我们需要时间和注意力来感知什么是一个真正的“好”的决定。

9 个点

用三段直线连接所有的点，请一笔完成且不要断开。

你有 1 分钟的时间。

看似有规则，其实并不存在

大多数人都知道这道题的答案。尽管如此，或者正是因为如此，人们可以从中很好地解释一种基本的思维模式。1987 年，精神分析学家保罗·瓦茨拉维克（Paul Watzlawick）在一次出色的演讲中已经做到了这一点（见“参考资料”）。

几乎每个第一次尝试解答这道题的人都会失败。原因在于，我们倾向于从 9 个点的角度来思考问题。在某种意义上，我们的思维创造了一个点系统的边界轮廓。是有某种无形的力量告诉我们要这样做的吗？是的，而且这种力量被称为“常识”。如果没有规则，那么就应创造规则。如同这 9 个点的情况。“连接 9 个点”形成了一个盒子，这个盒子限制了我们的思维。但问题是：在我们自己制造的思维盒子里，不可能有解决方案。我们必须超越这些点的边界来思考。当公司里有人说“我们必须跳出盒子思考”时，他的意思通常是将自己从别人设定的规则中解放出来。我们几乎总会意识到外部规则，而通常会忽略自我施加的行动限制。我们很少能认识到我们给自己制造的盒子。但是我们可以通过多样性和跨学科的方式，将自己从这一思维牢笼中解放出来。

让数字说话——感知

关于左页的图片，对问题“你看到了什么？”

回答“工作粗糙的结果”的经理和高管的比例…………> 70%

关于左页的图片，对问题“你看到了什么？”

回答“工作粗糙的结果”的工商管理专业毕业生的比例…………> 30%

关于左页的图片，对问题“你看到了什么？”

回答“工作粗糙的结果”的幼儿园儿童的比例…………1%

资料来源：本人在“Over the Fence”培训 / 研讨会框架内的研究（从 2015 年至 2020 年，共评估了 1600 份回答）。

03 良好决策所面临的挑战

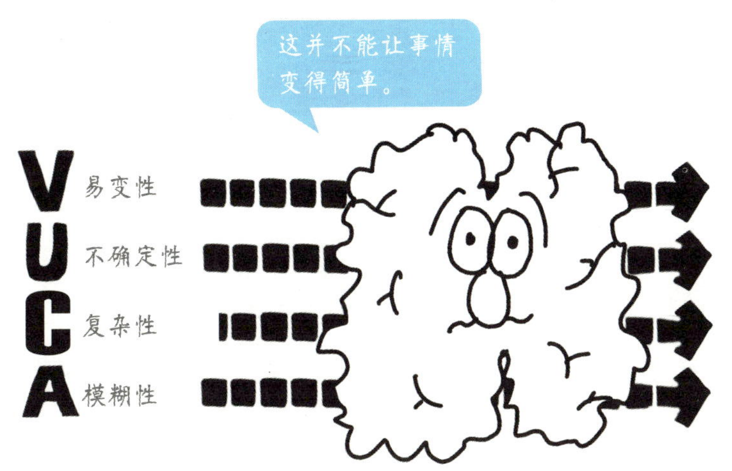

在编写本书之前，我们花了将近一年的时间采访了众多高层决策者，包括首席执行官、企业家和慈善家——那些明显能够左右大事的人。我们想知道这些人是如何做方向性的决策的。他们是如何学会做出“好”的决策的？到底什么时候才能知道一个决策是否“好”？他们今天做决策的方式与过去是否不同？关于“VUCA 时代”的所有骚动不安是否真的与他们的决策有关？如果是，真正的新挑战是什么？

世界（仍然）复杂难懂

VUCA 中的“C”是指复杂性（complexity），代表复杂莫测。复杂莫测是人们争论的焦点。在这个过程中，有些东西有时会被忽略，偶尔还会被误解。这个东西就是复杂难懂（complicatedness）。

复杂难懂并不是复杂莫测的同胞姊妹。

这绝不是说过去的世界复杂难懂，现在的世界复杂莫测。复杂难懂如今并没有消失，它并没有分解于复杂莫测中，它也不是复杂莫测的一部分，而是完全不同的东西。只有理解了这一点的人——理解复杂难懂和复杂莫测是两个独立的概念——才能做出好的决策。

说说复杂难懂。一台机器复杂难懂。它的机制是由各部分的总和及各部分之间的关系决定的。它有固定的因果关系链。这些是可靠且可重复的。你可以把机器拆开，然后再装回去，之后它仍然会做完全相同的事情——如果你操作正确的话！复杂难懂取决于专业知识。

复杂难懂是主观的。

我们第一次做的大部分“动手的”事情都很复杂难懂：系鞋带、分数运算、建造鸟舍。但是，通过学习可以降低复杂难懂的程度。

对于专家来说，有些事情可能完全不复杂难懂，但外行却无法做到。在组织中，“外行”通常也是专家——只是术业有专攻。这是劳动分工和专业化的结果。我们实现了专业化，以便更好地掌控复杂难懂。这使我们成为专家——同时也是外行。

我们总是既是专家又是外行。

有些事情对我们来说很容易，有些事情则很复杂。注意，不是复杂莫测！我们承认这一点是对自己诚实。我们会做而且非常了解一些事情，但对另一些事情则完全不会做也不了解。每个人都应该认识到对他们来说什么是复杂难懂的，什么是需要借助其他专家才能完成的。这是在组织中做出正确决策的第一个挑战：了解其他人，尤其是专业人士。这是解决方案的一部分。

#挑战

我们必须更加重视来自其他学科的“全才”；只有和他们一起，我们才能为复杂难懂的问题找到好的答案。

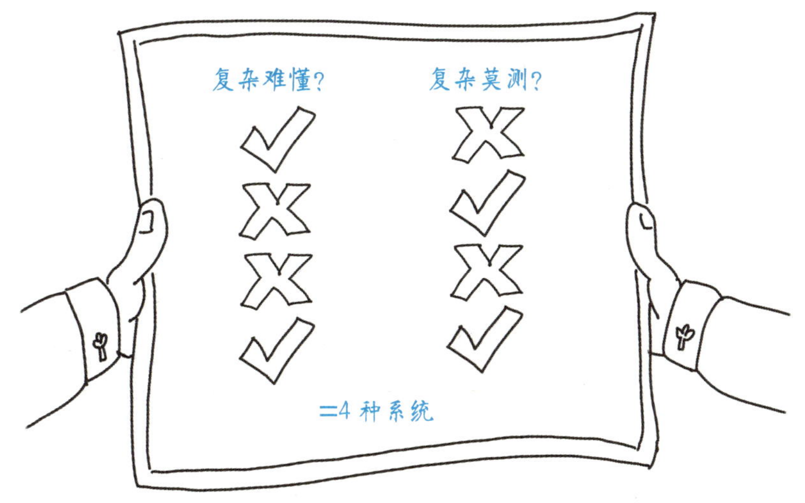

复杂难懂和复杂莫测是两个独立的概念，有各种各样的组合。

世界（多方面）复杂莫测

通常要决定的事情不仅仅是复杂难懂的，还是复杂莫测的。

复杂莫测性有几个方面。

与复杂难懂性相关的一种复杂莫测是“技术”复杂性。复杂难懂和“技术”复杂性都与技术（或科学）系统有关。

大多数技术系统都很难懂，只有极少数是简单的或复杂莫测的。简单是指，即使不具备基础知识也可以掌握，即俗话说的“傻瓜式”（操作简便）。相比之下，复杂莫测的系统是指，即使是最好的专家也无法准确预测系统的变化。没有人可以。因为在复杂莫测的系统中，这根本是不可能的。

经常引用的一个例子是钟摆。简单摆锤的运动是复杂难懂的；然而，双摆（有一个中间轴）运动则体现了技术上的复杂莫测。为什么会这样认为呢？因为双摆在相同的起始位置和相同的冲力下，每次摆动的幅度都不同。摆动的行为既不能预测，也无法完全重现。它既不可控，也无法掌握。尽管如此，人们还是可以大致计算出系统的行为。这就是混沌理论的主题。信息技术可以帮助我们应用它。

除了“技术”复杂性，还有“社会”复杂性。

“社会”复杂性是关于人（或生命体）的。当人们聚在一起时就形成了一个社会系统，一个活的系统。这个系统具有非常不同的心智模型，对什么是简单和什么是复杂也有着不同的认识。大多数人都有过这样的体验，对一群人的行为既不能完全预测，也不能复制重现，当然也不能转移到其他人身上。

此外，与“技术”系统相比，“社会”系统具有记忆功能。“忘了我刚才说的话吧。”丈夫在不小心侮辱了他的妻子后说道。她当然不会忘，即使她想忘也忘不了。这句话将留在她的脑海中，下次一有机会就会想起来。

结论：一个复杂莫测的系统不仅仅是其各部分之和，还存在一些相互作用和影响因素是我们既无法识别也无法控制的。因此，我们通常的因果关系思维在这里行不通，我们必须换个角度思考。

现在，让我们考虑决策过程的理想化模型（见下页图）。这个

#挑战

我们需要认识到什么是我们可以控制的，什么是我们无法控制的。在复杂的情况下，我们必须克服线性因果思维。

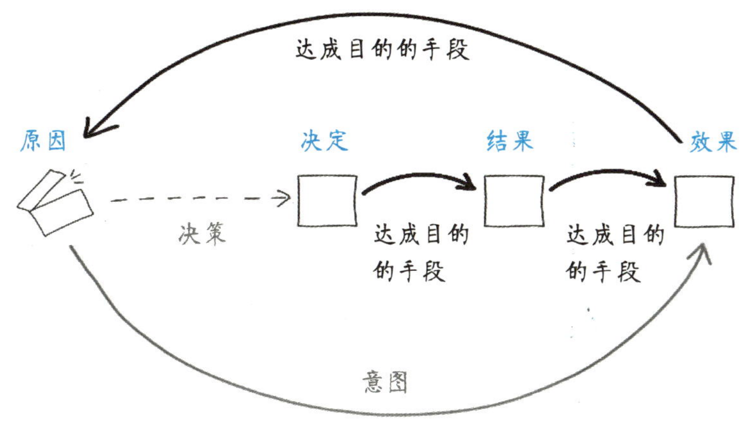

简单的模型能帮助我们认识到是什么样的相互关系使决策变得如此复杂。

大多数决定都有一个原因——无论是外部压力还是个人动机，由此产生了要达到某种效果的意图。为了实现这一目的，人们需要创造一个结果，比如，创造一个产品、一项服务或一个改变了的组织结构。

然而，为了使结果产生效果，结果必须首先被创造或获得。这就产生了三个重要的“手段—目的”关系。

决定（手段）-> 结果（目的）
结果（手段）-> 效果（目的）
效果（手段）-> 原因（目的）

我们通过决策来做出决定！决策是我们在本书中特别关注的内容。决策是一个感知和分类整理信息的过程。在这个过程中，我们找出为了确定我们想要做的事所必需的条件。为此，我们需要从头到尾仔细考虑三种“手段—目的”关系。这也带来了以下几个挑战。

1. 什么是“目标”?

第一个挑战是决策过程的参与者不仅要理解上述“手段—目的”关系，还要能够区分它们。这在概念上是困难的。因为虽然在组织中，我们经常谈到“目标”和“目标导向”，但“目标”一词只是表面上的清楚、明确。事实却恰恰相反，它既不清楚又意义不明。

“目标”是手段还是目的？正如我们在模型中看到的，目的不止一个。决策过程的每个方面都既可以看作是手段，也可以看作是目的，需视情况而定。因此，如果不进一步追问，当有人说“决策的目的”时，就根本不清楚是什么意思。对第一个执行者来说意思可能是“决定”，对第二个执行者来说意思可能是“结果”，对第三个执行者来说意思可能是想要的“效果”。虽然每个人可能在某种程度上都是正确的，但如果他们正在交谈，这过程就会潜藏着激烈讨论而又长期争执不下的风险。“对目标的理解不明确”是开始新项目时经常遇到的问题。解决问题的关键一步是避免使用“目标”一词（或者至少要意识到其含义的多样性）。

2. 什么是“原因”?

第二个挑战是确定决策的真正原因。大多数管理书籍都建议将“问题定义”作为实现这一目的的第一步。但“问题”往往根本无法明确“定义”，这就是复杂的本质。下一页的“思想实验”提供了这方面的例子。

在试图“定义”一个复杂问题时，人们还是依赖于假定的事实。比如，“我们失去了 20 岁以下群体中 20% 的市场份额”或“每个用户的退出率增加了 30%”这样的陈述，即使是真的，也只是描述了表面可见的东西。这些陈述概述了症状，但它们没有定义问题，当然也没有解释其中的原因。要做到这一点，我们必须进一步思考，而且要“慢思考”以避免草率下结论。

一个思想实验

一个朋友告诉你他很伤心，因为他 3 岁的儿子“总会从自行车上摔下来”。你觉得问题是什么？它的原因是什么？

我们可以在头脑中演练一遍：可能是自行车太大了，或者是他的儿子的身体不健全。这些将是明显的“问题”。我们能“解决”这些问题吗？答案取决于问题的原因。每个人都可能会想到不同的情况。

但是如果他的儿子只练习过几个小时呢？骑自行车是一件复杂的事情，它涉及“综合知识”，只能通过反复练习才能掌握。你不可能只是通过一步步的说明，然后说“现在骑吧”，就指望他立刻学会骑自行车。骑自行车的能力只有一部分是能被意识到并且可以描述出来的。每个人都必须自己去感知“骑行”是一件复杂的事情，每个人都必须亲身去“体验”在不同的速度、倾斜度和转弯下掌握平衡和平稳的感觉。也许你朋友的儿子只需要再多练习几个小时，但也可能是他完全没有天赋，或者是你那急于求成的朋友太没有耐心了。谁知道呢——我们掌握的信息很少。

骑自行车是一件复杂的事情。它的物理原理可以被完全计算出来，但要实际掌握这项能力，可以描述出来的东西却很有限。每个人都必须自己去探索怎样学会骑自行车。

3. 什么是“逻辑”？

第三个挑战是程序的假定“逻辑”和“计划”。根据维基百科，计划是对实现目标所必需的行动步骤的心理预期。“问题定义—目标定义—替代定义—替代选择”，大多数的标准业务管理工作都是这样描述计划决策过程的。

事实上，这样通常很难甚至不可能定义一个确切的目标，而且在复杂系统中没有“最好”的目标。我们之前讨论过这个问题。但是，即使我们能够明确所期望的最终结果，实现目标的方式也绝不像“手段—目的”模型所暗示的那样是合乎逻辑的和必然的。相反，这种相互作用是多维的、不可预测的和非线性的。在某种程度上，这对我们来说完全“不合逻辑”。我们之所以觉得似乎不合逻辑是因为我们无法在心理上预测它。或者换句话说，一个复杂的决定的预期效果是无法计划的，至少不是用商学院所教授的、在管理实践中常用的线性规划工具所能计划的。流程管理、质量管理、项目管理、控制及其他科目都是由线性因果思维主导的。但这恰恰是复杂项目失败的原因。

为什么人们害怕蜘蛛？一种理论说，因为我们无法预测它们腿部的运动。它对我们来说似乎是不合逻辑的，这会使我们感到害怕。

用数字说话——复杂莫测

同意我们“生活在越来越复杂莫测的时代”这一说法的经理和高管的比例........................接近100%

同意复杂系统是“非线性和多维的”这一说法的经理和高管的比例..................................接近100%

学会用线性因果关系思考的经理和高管的比例..接近100%

十种最流行的管理方法中，用于非线性分析和决策的数目..1

提供非线性分析和决策方法知识的商业课程和管理研讨会的比例..<10%

经常使用非线性分析和决策方法的经理和高管的比例..未知

世界（极其）快节奏

数字化、全球变暖和全球相互依存是我们多年来所经历的变化的主要驱动因素。这种变化对大多数人构成了挑战，有些甚至是压倒性的。但我们也要正视事实：我们自己难辞其咎！数字化和公司是由人创造的。他们中的大多数人都不想错过变化。而变化就是代价。

变化不仅快速，而且还会越来越快。这种变化对组织、工作和决策都有重大影响。

“Pantharhei”㊀已成明日黄花

古希腊人说：“万物皆流，无物常驻。”然而，在数字化和全球相互依存的时代，流动作为变革的隐喻已不再适合。“如果在硅谷有人发明了智能手机，那么我关心的是什么？”“如果世界上某地暴发了疫情，那么我关心的是什么？”诸如此类，不一而足。

变化不是恒定的；它是无常的。

今天，不断流动和变化的往往不仅仅是河流里的水——整条河流都会瞬间消失，而且速度快得令人难以置信。变化越来越不像我们所希望的那样恒常和稳定。相反，变化是跳跃式的、根本性的和存在性的。这就是流行用语“颠覆性”所指的内容。

我们该如何对待这一认知呢？如果可以预期根本性的变化会越来越频繁地发生（但间隔并不规律），那么我们也可以为之做好准备。事实上，作为优秀的领导者，我们就应该这样做。我们要让公司的“传感器”与时俱进！

我们也可以适应不稳定性。

这主要涉及两件事。首先，我们应该不断利用数字化和人工智能的可能性——实现面向未来的“商业分析”。这已然是一项艰巨的任务，但仅此还不够。我们不仅仅要为知识创造提供最新的工具，还需要有合适的结构来应用这些工具创造所需的价值。这不是一项技术性任务，而是最重要的组织性任务。它的定位正是使决策所需的知识掌握者尽可能快地聚集起来。

我们可以提前计划下一个方

㊀ Pantharhei：希腊语 Πάνταρεῖ，意为“万物流变”，古希腊哲学家赫拉克利特的哲学思想，译者注。

向性的决策需要哪些知识掌握者吗？也许在个别公司是可以的。但在大多数情况下，这种做法越来越行不通。因为“颠覆性”意味着我们不知道明天要决定什么。正因如此，我们也无法提前对其进行思考，将其放入蓝图，并“保留到过程模型中”。

不要过度计划和确定决策结构。

相反，决策的形式必须是可变的，并且必须能够尽快做到这一点。为此，只有通过建立以客户为中心、反应迅速（“敏捷”）的结构和“由外向内”的决策流程才能实现。

自组织和网络结构在这里可以提供帮助。只有通过它们，我们才能确保将不可预见的决策需求和必要的知识准确无误地结合起来。

知识掌握者必须能够灵活地聚集在一起。

这需要对仍然是“自上而下”为主导的管理模式做出转变——并对授权和参与产生相应的影响。

结论：如果一个组织的环境以颠覆性的变革为特征，决策过程就既不能提前形式化，也不能自上而下地授权。相反，我们需要一个具有可渗透性的组织，将做决策所需的人员根据情况迅速聚集起来。

“忘却”变得更加重要

终身持续学习被认为是成功的秘诀。企业家都希望他们的员工终生不断地学习。但这个想法会存在两个陷阱。

第一个陷阱是“持续性”。因为正如变革是颠覆性的，学习也必须如此。

敏捷并不意味着“没有计划”，而是“另有计划”。

#挑战

我们必须学会“由外向内”思考，并始终保持组织的传感器系统适应环境，这需要“忘却”旧的领导模式。

学习必须改变。

第二个陷阱是“学习”本身，更确切地说，是迄今为止许多组织理解“学习”和“知识转移”的方式。通常的“经验教训”“说明指南”和“最佳做法”是面向过去的学习公式。它们在一个复杂难懂的世界中可以发挥作用，其中的因果链是已知且反复出现的。所获得的“教训”或“做法”在未来也可以使用。但是，如果根本无法确定一步一步的程序（由于复杂莫测），并且有效性的半衰期极短（由于快节奏），那么怎么办呢？我们要么学错了东西，要么根本不能停止学习。这真是一个令人沮丧，一个令人力竭。

从“已学的经验教训”到“未学的经验教训”。

为了使自己免受损失，我们应该重新认识“学习”的价值。我们已经学到的东西没什么价值，更有价值的在于我们对已学事物的摒弃。我们的经验总和没什么价值，因为我们只能在有限的范围内“建立”它们，更有价值的是好奇心和尝试的勇气。把自己的脑袋“全副武装”，使我们能够独立解决问题，这没什么价值；更有价值的是创造精神上的自由，使我们能够与他人一起取得好的结果。

这对企业意味着什么——如何在实践中“忘却”。我们在编写本书时采访了一些人，他们讲述了在公司或机构中练习“忘却”时最喜欢用的方法。我们在下一页介绍了其中的五种方法。

“忘却”可以是有组织的。

结论：“忘却”变得比“习得”更重要。然而，“忘却”不会自行发生，这是有违我们的本性的。我们会为所学到的东西感到自豪，这是很自然的——我们不愿意放弃已学的事物。因此，我们必须系统且有组织地去“忘却”。

这需要我们建立新的常规，打破旧的习惯。你可以在第二部分“习惯”一节中了解更多这方面的信息。

忘却回顾

敏捷回顾的一个变体，重点是“我们不再想做什么”。在重要阶段之后或定期（比如，每季度）作为团队练习进行操练。

反向导师

知识从年轻人向年长者转移，从无经验到有经验的反转！为每位高层管理者配备一名大学毕业生作为导师，并鼓励高层管理者提出新的见解。

焚烧不良习惯

一个虚构的“火葬堆”被搭建起来，每一个失败的做法都会被隆重地“焚烧”。由于这堆东西仍然存在，你可以在以后随时检查，看看某些东西为什么存在。

讲故事

在这里我们庆祝错误，因为我们可以从错误中学习很多东西。在幽默的气氛中，人们讲述他们出了什么严重的问题（以及原因）。这对于团队建设也很有好处。

旧衣回收

熟悉的做法（比如，管理模式和决策方法）有时就像旧衣服：我们穿着感觉非常舒适，但它们已经破旧不堪，有碍观瞻。不妨把它们拿去旧衣回收吧！

寻找具体的指南？

如果你想了解更多信息：在“Over the Fence”网站上，我们正在逐步提供有关如何最好地使用这些方法以及其他“慢思考”方法的详细说明。

世界（当然）不确定

在企业管理学中，不确定性被定义为“一个我们无法影响其发生的未来事件”。我们预期事件的发生会产生负面影响，我们称之为“风险”。

世界是不确定的且充满风险的。由来如此。想想20世纪中叶的核战争风险或与核能使用相关的风险。如今，这些风险已经降低——至少在德国是这样。而其他的风险在增加。

“不确定性”源于复杂性和快节奏。

世界是否变得更加不确定？可能是吧。因为复杂性和快节奏都增加了。“不确定性”是由此衍生的一个变量。如果我们理解了复杂性和快节奏的本质，那么我们也可以应对不确定性。

但还有一些事情也发生了变化，那就是我们的主观感受：我们“感觉”越来越不确定！

“感觉”到的不确定性增加了。

然而，造成这种情况的原因不是“实际的不确定性”，而是随着技术和系统的快速变化而产生的“无知”或“不熟悉”。我们面临越来越多的新情况——这些情况是“真实存在的”，因此非常确定。但我们不了解它们，我们没有关于如何处理它们的经验。而这让我们感到不安，以至于恐惧和惊慌，继而做出错误的决定。

感觉上的不确定和实际的不确定必须要分开。

不确定性、无知、没有把握——在谈话中，这些术语经常被混淆。日常聚会中是这样，商务会议中也同样如此。

但这真的是一件坏事吗？如果我们或多或少都会将这些术语混为一谈，那么是否会对我们的决策产生不利的影响？常识给出的答案是“不会，都是一回事”。决策理论给出的答案是“并不是一回事”，并提供了有区别的数学公式。

除了物理学家，所有人都可以看看。

谁是对的？两个都对，也都不对！这取决于我们是在什么时候提出这个问题的。如果是在常规流程中提出的，那么我们可以不必那么较真，都可以。然而，如果我们面临一个方向性的决策，比如，销售部的重组或创新技术的引进，那么我们就应该仔细观察辨别，要足够精确，以免出现任何导致严重后果的感知错误。此外，我们还要足够务实，要让所谓的咬文嚼字在缺乏耐心的管理者和必要的效率面前也能被接受。在第二部分中，你将学习一种方法，帮助你在复杂的决策中把不确定因素和未知因素区分开。

#挑战

我们需要区分“真正的”不确定性和造成不确定性感觉的情况。但两者都会以不同的方式影响决策。

总结

>> 第一部分

所有人总是在“快思考”。

“快思考”是我们的默认感知模式。在常规和绝对熟悉的环境中，它能够完美地运作——但仅限于在常规和熟悉的环境中。

“快思考”暗藏感知错误的危险。

在并非对所有参与者来说都绝对常规的情况下，“快思考”几乎不可避免地会导致不良后果。无意识的假设、表面的真理和客观性的假象都会导致很严重的后果。因为这些感知错误只能导致平庸的决定，甚至完全脱离现实。

涉及新的决定时，“快思考”会让我们变慢。

“快思考”远非快速完成。情况恰恰相反，这对于新的组织决策来说尤其如此。因为新的决策将原本不会在一起工作的人聚集在了一起。这些人有不同的假设，讲不同的（专业）语言。在这样的决策情况下，人们首先不能产生误解。这是自然的初始情况。如果我们在这种初始情况下“快思考”，那么就会使我们陷入旷日持久而又令人疲惫的讨论中。

我们必须学会更好地共同思考。

个人很难避免自己的感知错误。但是，跨学科的一群人则有可能认识到“快思考”的存在并减少其不良影响。优秀的管理者能够利用这种潜能。本书第二部介绍的“决策过程中的‘慢思考’指南”将说明如何做到这一点。

良好决策的最大敌人
不是一无所知，而是
自认为无所不知。

接下来
>> 第二部分

第二部分

决策过程中的“慢思考”指南

“慢思考”会使决策变得更好。本章展示了如何在实践中做到这一点。通过“冷静地进行信息分析”，你可以帮助所有参与者以事实为导向进行思考，并做出客观公正的决定。它需要的是正确的态度和一些基本技巧。

01 从自己开始

“慢思考”不是我们常做的事情，它不是我们自然的思维方式。自然情况下，我们会“快思考”。但是，如果我们想在新型且复杂的情况下做出正确的决定，就必须打破“快思考”模式。在本节中，你将了解适用于此目的的“打破模式者”。打破模式者有助于实现预期的行为改变。对于每个负有领导责任的人来说，这种积极的改变首先是要在自己身上下功夫。这项工作最好通过具体的练习来完成。因此，在翻页之前，请准备好笔和纸。

什么是

数字化?

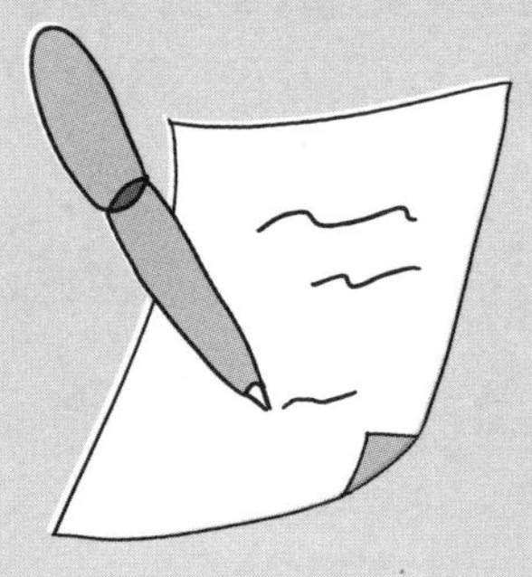

在 60 秒内写下你的答案。

那么，你的答案是什么？你是否已“尽你所知”定义了数字化？你是否简单地思考一下你想到了什么，然后快速整理出一个答案，表明你是一个“知之者”？至少 99% 的受访者都是这样做的！

只有极少数人会说他们“不完全了解”数字化的含义。绝大多数人都表示他们对数字化有所了解，无论了解得有多片面和未经检验。

显然，对我们人类来说，对一些事情不知道的感觉并不好。我们希望尽快克服无知的状态。一无所知意味着不确定性。我们很少会承认我们不知道某些事情、不确定某些事情的结果，至少在别人面前如此——有时甚至在我们自己面前也如此。

基本态度

造成上述情况的原因是多方面的。许多奖金制度和职业晋升制度的运作方式就是如此。职业上能升迁的人往往是那些肯定地声称自己“知之”的人。“管理者分为两种：有些管理者提出问题；有些管理者提出解决方法。”你听过这句话吗？那么，你应该对这种有碍于以开放态度对待“不知”的组织文化有所了解。然而，“不知”是所有新情况的自然起点。

“我不知道”是所有研究者的基本态度。那些认为“我不知道”的人将进一步提出问题，仔细观察并收集数据。“我不知道”体现了对简单的解决方案和听起来不错的最佳做法的批判性质疑。“我不知道”是对知识的渴望和好奇心的表达。

将“我不知道”作为一种生活的基本态度需要勇气，在一个“我需要知道”的自我形象占优势的环境中尤其如此。“我需要知道”的态度促使人们“快思考”。这类人认为获取一点点信息就足以进行决策，不求甚解。剩下的就是选择性的感知。那些以“我必须知道”为基本态度的人行事总是很有效率——但不一定有效果。因为无意识的“正确做事”（效率）并不一定意味着“做正确的事”（效果）。事实上，在常规情况之外，大多适得其反。

“我不知道”也是设计师的基本态度。比如，产品设计师不会对客户的需求做出假设。相反，他们会对其提出质疑，密切观察，并不害怕出现意外。设计师希望真正了解事实情况，并找到最佳的设计形式。“我不知道”是一种“设计态度”。在博兰（Boland）和克勒皮（Collopy）的《管理的设计问题》一文中，他们提出了这样的论点：如果有更多的管理者采用这种“设计态度”，世界将会变得更美好。“设计思维”在企业管理中流行了一段时间，给这一领域带来了希望。

通往高明决策之路的第一步是：

1.

让“我不知道”成为你的基本态度！

优秀的领导者

从前，有一只驼鹿要被选为森林之王。

但它抱怨自己的命运。

“我并不比其他动物聪明。”

“我并不比其他动物更有经验。”

“我是谁，竟能成为森林之王？”

随着国王选举的日子一天天临近，驼鹿变得愈发悲伤。它不能像乌鸦一样飞翔，不能像青蛙一样跳跃，当然它也不能像黑鸟那样美妙地歌唱。事实上，它根本什么也做不了。

它耷拉着耳朵，小跑着穿过森林。在这一过程中，它不断地遇到其他动物，它们的麻烦都比它大得多。

有一只山雀，它的幼崽从窝里掉了出来，随时都可能被獾吃掉。有一只松鼠，因为大雨，与它的爱人被一条汹涌的洪流分开了。还有一只刺猬，要和兔子赛跑，但不知道如何才能赢得比赛。

所有动物都向驼鹿征求意见，恳求它帮助它们解决问题。对于每一次请求，驼鹿都感到很有压力。那是责任的压力。作为一个好国王，它不是应该解决森林中动物们的问题吗？但它不知道该怎么做，而且它也不想欺骗这些动物。

所以每次它都如实说：“我不知道！”

而当动物们失望地抬头看它时，它低着头补充道：“我能做的只是一起解决问题。”

于是，山雀晃了晃它的羽毛，想了想，最后在驼鹿耳边低声说：“低下头，让我的孩子可以挂到你的鹿角上。”驼鹿照做了，小山雀被带到了安全的地方。

松鼠也想了想，然后迅速跳到驼鹿的背上，让驼鹿穿过涧流。这样的水流对驼鹿厚重的身躯来说并没有什么危险。于是，松鼠与它的爱人得以团聚。

最后，刺猬想了很久。它闷闷不乐地说道：“兔子跑得那么快，我怎么可能赢呢？”“除非你能克隆自己……”驼鹿开口道。它没有再说下去。突然间，刺猬已经离开了这个地方。第二天，大家从《森林邮报》上读到了它的胜利。

每个动物都得到了帮助，而且它们都自己想出了一些办法。

驼鹿起初并不明白。

但森林里的动物们却对它很满意。因此，在接下来的星期天，驼鹿被动物们选举为国王，它得到了比以往任何一个国王都多的支持。动物们选择它，是因为它没有对它不知道的事情假装知道。选举它，是因为它在说话之前会先思考；选举它，是因为它认真地倾听，而且是真的想了解；选举它，是因为它让动物们自己思考和决定，并尽其所能地支持它们。森林里的动物们既不愚蠢也不懒惰。它们彼此间是忠诚的盟友和积极的战友。

“最好的国王，”它们齐声高喊，“我们想不到比它更好的国王了！”

改编自乌尔夫·史塔克的童话故事 [《驼鹿国王》(König Elch)，2014]；灵感来自沃尔夫·洛特的解读 [《独立的宣言》(Die Unabhängigkeitserklärung)，BrandEins 06/2019]。

如果一个人像蚂蚁一样强壮，
他能搬动多大重量的

物体？

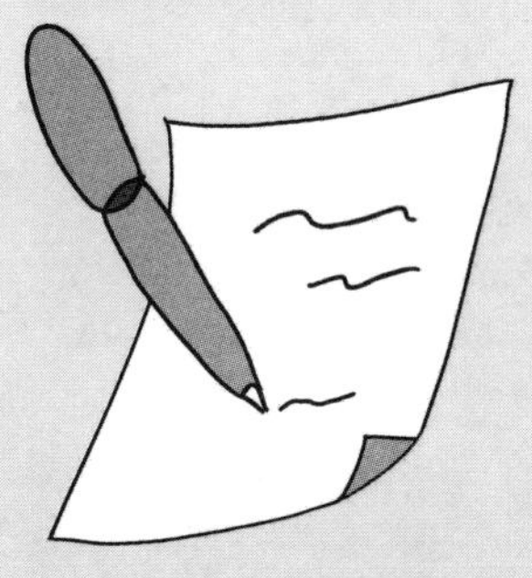

在 3 分钟内写下你的答案。

这个练习是一道估算题。如果你已经阅读了前几页的内容，并采取“我不知道”的基本态度，你的答案可能就是“我不知道”。那么，恭喜你！

但这是什么意思呢？你不知道什么？你不知道一只蚂蚁能举起 10 倍、20 倍或 40 倍于它体重的物体？还是说你缺少其他信息，比如这个人的身高？又或者你根本不知道回答这个问题需要知道什么？大多数受访者给出的答案都是：“几千千克。”这是一个非常普遍的答案。假定一只蚂蚁可以搬动数倍于它的体重的物体，将其类推到人，按照一个人的平均体重，并使用简单的交叉相乘，那么很快就会得出“1000 千克”或“5000 千克”这样大的数字。

知识

问题在于：这样的推算是错误的！而且是大错特错。为什么会这样？因为它忽略了自然界的一个基本规律。简单来说就是肌肉的长度与肌肉的力量无关。因此，肌肉力量与质量的比值是随着生物体型的增加而下降的。

举个例子来说明：这里用弗兰克来推算，他的身高是 1.85 米，体重是 80 千克。他的力量单位是 1（=1 弗兰克）。

现在我们克隆了弗兰克，使他的身高增加 1 倍。因此，他现在身高是 3.70 米，其他所有尺寸（即长、宽、高）也增加了 1 倍。结果，克隆的弗兰克巨人重达 640 千克（80 千克 ×2×2×2）。但他的肌肉力量只增加到了 4 倍（力量指数 =2×2），因为肌肉的长度与肌肉的力量是不相关的。

由此得出，克隆的弗兰克巨人每单位力要举起 160 千克（=640 千克 ÷4）。他的相对力量会减半，他移动物体（不包括他自己）的能力也会随之减半。

这个练习可以用来说明一些问题，我们称之为“三种类型的知识”，或者也可以说是“三种类型的无知”。我们将在接下来的几页中对它们进行描述。

三种类型的知识

1. 蚂蚁知识

第一类知识是“蚂蚁知识”。它表现为“5000 千克”之类的说法。蚂蚁知识是危险的，因为它完全是错误的。实际上，蚂蚁知识根本不是知识，而是有关知识的错觉。同时，它也很普遍。由于简单，蚂蚁知识会让人感觉很合理。蚂蚁知识可以说是“快思考”的亲密伙伴。有许多网站都在传播这些不用质疑的蚂蚁知识。不仅是关于这样的蚂蚁推算问题，还有许多所谓的“最佳做法”和流行的管理模式也包含在内。其中一个例子就是所谓的“斯泰西矩阵”，它被称赞为测定复杂性的一种方法。据说它有助于确定正确的（项目）管理方法——是敏捷还是传统。问题是：这个矩阵和斯泰西没有任何关系，而且它在其他方面也没有充分的根据。关于这个问题，我们写了一篇详细的博客文章。如果你想继续阅读，可以在“Over the Fence”网站上找到。

2. 够用的知识

第二类知识是“够用的知识”。“够用的知识”基于的是正确的基础知识和联系。但它并不考虑一个系统的现有的所有基础知识和联系，而只是考虑最低限度的必要的知识。“够用的知识”的特点是有意省略，因此应遵循精益组织的指导原则。这类组织提倡寻找最小可行知识（Minimum Viable Knowledge ）来做一件事，比如决策。对于练习示例中的问题，“40 千克”将是一个很好的答案。这就够用了，因为它考虑到了自然界的基本规律。这种知识至少是有用的，否则我们就只能是“蚂蚁知识”的水平。然而，在这样的计算中，人们没有考虑其他相关的事实和更为复杂的关系（比如，毛细管力），但对于这项练习的目的和给定的时间框架来说很合适，因此它有效且高效。

3. 超级知识

第三类知识是“超级知识”。超级知识是指最大限度的专业知识。超级知识致力于将决策涉及的学科的所有可用的知识全面汇集在一起。超级知识寻求客观和无可辩驳的证据以做出最佳决定（“基于证据的决策”）。通常情况下，这需要付出大量的努力来收集数据，并以复杂的关键数字和指标的形式对其进行评估和汇编。

虽然这一切听起来很了不起，但它会导致严重的问题。第一个问题显而易见：这种方法是资源密集型的，因此成本高昂。然而，另外两个问题更为关键：复杂性和时间。在本书的研究过程中，我们接触到了一些“初步研究”“可行性研究”和“成本效益分析”，这些研究太过全面，以至于实际上要为之服务的决策在漫长的研究准备之后已经变得过时了。

结论：商业中大多数具有方针导向性的重大决策都基于假设和估计。问题是，我们的假设和估计是基于什么？谨防“蚂蚁知识”，抵制好高骛远的“超级知识”，因为一个会让我们走错路，另一个则有让我们停滞不前的风险。与之相反的是，我们需要开发一套工具来识别“足够的知识”。这本书为你提供了一些提示。

通往高明决策之路的第二步是：

> **2.**
>
> **找出你至少应该知道的！**

观察这幅图片

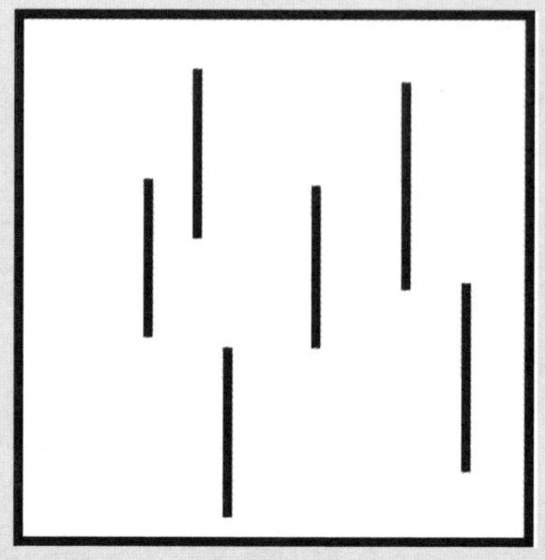

你脑子里第一个想到的是什么？
在 30 秒内写下你的答案。

你相信自己的直觉吗？大多数人对这个问题的回答是肯定的。因为直觉是我们不可分割的一部分。它是非常个人化的事情，我们将其视为一种重要的特性，它是我们个性的宝贵组成部分。因此，大多数人对“直觉”的看法都很积极也就不足为奇了。直觉对我们而言可以说就是自认为是好的东西。

在丹尼尔·卡尼曼看来，直觉是“快思考”的同义词（系统 1)。他研究了“直觉心理学”，并展示了我们的直觉何时会将我们引向歧途。简而言之就是：在所有新的情况下！

直觉思维只有在我们处于绝对熟悉或极度危险的情况下运用才无可指摘。VUCA 时代的方向性决策既不是前者，也不（希望）是后者。直觉思维尽管有其优点，也存在系统性的缺点。比如，直觉思维是无意识的和选择性的。这个练习清楚地说明了这一点。

直觉

我们往往无法认识到我们的直觉在想什么

当你看到上一页练习中的图片时，脑海中第一个想到的是什么？大多数人都会陈述一些事情。只有少数人表示，他们思考过正方形内的所有线条是否都一样长。事实证明，这正是我们大脑所做的：它会计算内部线条的长度，并将它们相互比较。这是自动发生的，而且往往不被注意（这也是为什么我们不会把它写下来）。它是我们的直觉。但我们的直觉感知是否完整和相关呢？答案是“否”和“不知道”。

我们直觉上并不总是思考什么才是重要的

我们对“正方形系统”的直觉认识是不完整的。除了比较内部线条的长度，还可以考虑各种其他可能的关系。比如，线条的间距、内部线条的总长度或内部线条的总长度与正方形的边长的比较（实际上正好是边长的 2 倍）。但我们的直觉并没有觉察到这一点。这些信息通过大脑中的各部位传递。这不好吗？被忽视的联系会不会对我们有影响？我们不知道。在一个完全熟悉和稳定的环境中，我们可能已经了解什么是重要的。我们的选择过滤器在那里可靠地工作着。但在新情况下，我们不能依赖它。事实上，丹尼尔·卡尼曼的研究表明了这点。也就是说，在新情况下，我们的直觉几乎会导致错误的判断。

直觉是可以被操纵的

还有一个坏消息：我们凭直觉思考的选择可能会受到他人的影响。“我们对于真理必须经常反复地说，因为也有人在反复宣传

错误……”丹尼尔·卡尼曼已经证明过这样做的效果。他的实验表明，我们听到一个说法的次数越多，就越有可能相信它是真的。这就是“蚂蚁知识”的传播方式。但同样重要的一点是，它也适用于商业——只要想想众多的管理趋势、流行语和时尚。最重要的是，它对做出正确决策构成了重大威胁。因为我们的直觉不仅是有选择性的，选择机制也会受到影响，而且我们甚至都不会注意到这种影响。

直觉仍是可取的

理想状况下，直觉意味着“无意识的有能力”。右侧所示的诺埃尔·伯奇于 20 世纪 70 年代创建的能力水平模型说明了这一点。根据这个模型，专业直觉是“有意识的有能力”的进一步发展。或者用卡尼曼的术语来

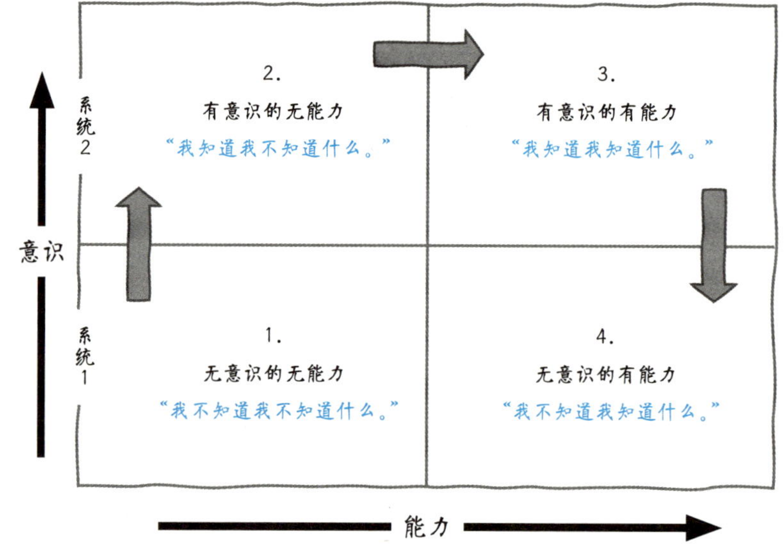

能力水平模型［由诺埃尔·伯奇（Noel Burch）原创］可以这样解读：关于“一个主题”，一个人的“这种能力”可以被归入四个领域之一。但一个完整的人——“整个能力集”是分布在所有四个领域内的：在一些方面我们属于“无意识的有能力”，同时在另一些方面我们属于“无意识的无能力”。

说，系统 2 中的能力通过不断练习可以转移到系统 1 中，从而将最初基于规则的且耗费精力的能力变成了自动自发且不费精力的能力。在伯奇的模型中，这意味着能力从第 3 级上升到第 4 级。我们现在可以应用这些知识而无须有意识地激活它。

这方面的一个例子是，一个人辛辛苦苦掌握了医学诊断技能。他先是学医，然后长期做着无休止的助手工作，不断地阅读专业文献，并且练习、练习再练习。在多年作为专家的专业实践过程中，在某些时候，他可以毫不费力且成功做出正确的诊断。得出诊断的过程、个人的逻辑推论对他来说大多是无意识的。他已经在最佳意义上将知识内化了。

正如我所说，只要这些案例是已知的，即“通常的”情况，这样的方式就是有效的。如果医生碰到一个异常的新病例而没有认识到这一点，那么就会有误诊的风险——毫不费力而又不自知。

因此，卡尼曼所说的“无意识能力”或“专业直觉”需要一定程度的控制。这适用于医生，也适用于做出方向性决策的经理。控制首先意味着“自我反省”——认识到我们什么时候可以依靠我们的直觉，什么时候不可以。因为人类往往高估了直觉的力量，而低估了它的缺陷。

喜剧演员海因茨·艾哈特（Heinz Erhardt）早就认识到了这种与生俱来的天真幼稚。

通往高明决策之路的第三步是：

3.

不要相信你所以为的一切！

在你的工作环境中：

最近发生的5件意外的事？

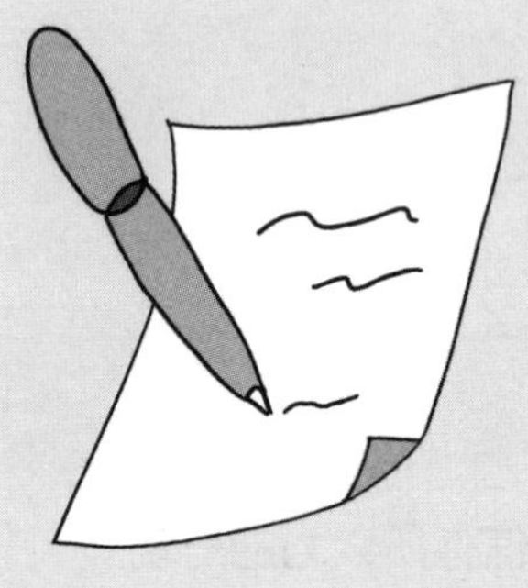

在1分钟内写下你的答案。

当然，你已经成功写下了一些意外的事。然后，我们有一个额外的小任务：查看你的“意外清单”，并在每个项目旁边注明，从你的角度来看，它是比较积极的意外还是比较消极的意外。

“Surprenez-moi”㊀

“给我个意外惊喜吧。”这是导演克劳德·夏布洛尔（Claude Chabrol）经常给演员的指示。他是认真的。因为他知道，换个角度重新审视总是值得的，总是能发现一些真实而又意想不到的伟大之处。他永远不会提前计划和考虑很多。他永远不会用严格的规定和详细的指示来让一切按部就班。

㊀ Surprenez-moi：法语，意为“你看着办吧”“给我个意外惊喜”，译者注。

开放的态度

在组织中，你偶尔会在很讽刺的语境中听到这句话：“给我个意外惊喜吧！”老板对他的雇员说，他从来没有信任过这个雇员。但实际上你不常在组织中听到这句话。老实说，大概是这样。因为大多数经理人不一定能从意外中看到什么好处。原因有很多。层级决策结构是其中一个原因。因为层级组织会系统地将困难的决定“往上推”。最终，难题就会来到满腹牢骚的高层管理者那里。“我就是国家收垃圾的人，”一家DAX公司的首席执行官曾经对我们说，“我总是要决定一些其他人不愿负责的事情。”但他的愤怒中夹杂着一丝优越感；他绝不会想要改变这个系统和他在其中的角色。

“意外”有这样的坏名声，也是许多组织提前计划和思考的方式所引发的。精心编订的年度预算、长期紧张的时间安排、费尽心思谈判的合同，所有这些都经不起意外。

正是在这种情况下，“对意外的开放态度”与“了解自己的无知”一样，成为组织的一项重要品质。如果一个组织的管理者不知道（甚至否认）自己的知识差距，还要回避意外，那么就很难对不断变化的情况做出适当的反应。因为这样的组织既不敏捷，也不具有弹性。

再让我们来看看这项练习的结果。你觉得写下最近发生的5件意外的事容易吗？我们采访的大多数高层管理者都很难给出答案。只有不到四分之三的受访者能够不假思索地说出5件意外的事；其他人写下的更少。

意外可能并不属于商业中最令人难忘的时刻。与此相印证，大部分所提到的意外都属于“不愉快”的范畴。只有少数意外被评价为“积极的”。

这说明了什么呢？对你来说，这说明了两个好消息。因为如果你觉得这个练习不是那么容易，而且你的记忆相当“消极”，那么你就会与许多成功的高层管理者心有灵犀。而如果你能轻松地写下5个“积极”的意外，那么你就是开放态度的典范。在这种情况下，你就可以放心地为自己勾选这一项。对于其他人来说，这就说明该是时候向克劳德·夏布洛尔学习了。

通往高明决策之路的第四步是：

4.

与其让意外找上你，
不如自己去找寻意外吧！

回顾你认为有用和有启发的一次管理研讨会

1. 它是关于什么的管理研讨会？
2. 你学到了什么新知识（你以前不知道的）？
3. 你将所学的知识融入实践中的频率如何？

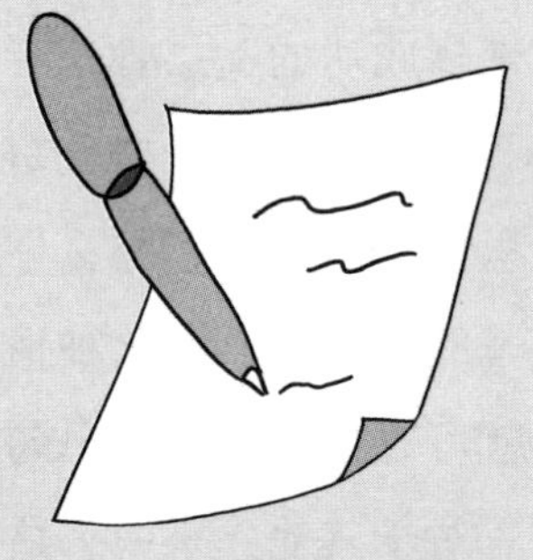

在 5 分钟内写下你的答案。

假设你已经读完了这本书，很喜欢它，觉得它很有用，并思考要如何将你所学运用到你的工作中，那么你是如何做到将“慢思考”的方法纳入你的工作范围的呢？

通常的答案是“积极和自律”。积极和自律是成功变革的关键。大家都这么说，所以你一直在阅读相关书籍。甚至最昂贵的励志培训课程也不乏追捧者。但是，许多这样的指南只讲述了部分真相。保持积极和自律确实很重要，但它们绝不足以导致理想的行为改变，它们就是数学家所说的“必要但非充分条件”，对成功的直接影响被大大高估了。

习惯

心理学家温迪·伍德（Wendy Wood）在几项研究中表明，我们的意志对我们所追求的目标的影响远比我们想象的要小得多。影响力更大的反而是环境。成功人士并不一定比其他人更有积极性或更自律，而是他们有能力和意愿为自己找到一个有用的环境。如果这种环境尚不存在，那么他们就创造一个。决定性的一个因素是，环境的选择或设计不是基于“个人喜好”，而是基于“事物或任务的需要”。更能取得成功的不是积极向上的人，而是更善于创造有利环境的人——并在这样的环境中工作！

在此背景下，回到关于管理研讨会的问题。这里有一个补充问题：

你的工作环境中有什么能帮助你把在研讨会上学到的东西付诸实践？有什么阻碍了你？

环境刺激

旧的环境通常只支持旧事物。改变环境能够促进改变。因此，你要做的第一件事是创造一个鼓励“慢思考”的环境——一个能提醒你在处理新决定时该做什么的环境，一个能帮助你克服旧的且不需要的模式的环境，一个让你更容易应用新方法的环境。特别是在时间紧张，以及与陌生人一起共事的情况下，你更需要这样的环境。

“改变环境”听起来很难。但你可以从小处开始做起，并脚踏实地。温迪·伍德的建议是：“如果你想开始慢跑，可以把跑鞋放在你容易绊倒的地方。”本书中有很多这样的绊脚石工具。在很多地方，你可以得到实用的技巧及关于材料、工具和房间设计的小建议。遵循这些建议，你就可以自然而然地为“慢思考”创造一个有利的环境。

归根结底，重要的是你要设法养成一种“新习惯”——在做出方向性决策时能够“慢思考”的习惯。要做到这一点，最好的方法是建立新的常规。常规会使你更容易开始做一件新的事情并坚持下去。

建立新的常规

新的常规是对抗旧常规的最有效手段。用“从现在开始我们就这样做”来反驳“我们一直是这样做的”。

“敏捷管理”的流行（和成功）很大程度上归功于这种常规。人们甚至自豪地称之为“仪式”。敏捷审查和回顾就包括在其中。它们按照严格的时间表定期开展，没有人会质疑它们存在的理由；它们就是敏捷的精髓。

“慢思考”也是如此。在这本书中，你会发现在不同的地方都提到了新的常规。有用的常规是基于原则和价值观的。我们还将讨论“慢思考”的原则和价值观。

结论：变革——引入新的管理和领导方法——需要能量。这类似于从地球发射火箭，需要一个推力——助推器。这种推动力是由我们的积极性提供的。它使我们能够启程出发。但是积极性很快就会消失。因此，我们需要第二级火箭来推动我们前进，并且抵抗旧有的引力。第二个阶段就是自律。我们应该用自律来建立和固定新的常规。因为遵循常规很容易，它们使我们保持在轨道上。如果我们经常和定期使用它们，它们就会成为习惯。

但如果没有一个稳定的发射结构，这一切都无从谈起。发射结构是我们首先必须创造的有利环境。只有在一个有利的环境下，我们才能使开始成为可能并促进变革的发生。

通往高明决策之路的第五步是：

5.

改变你的环境
才能改变你自己！

3. 从练习中收获

常规

2. 建立新的常规

自律

1. 改变环境

积极性

习惯（旧）

习惯（新）

“慢思考”从自己开始！

>> 总结（指导原则）

1 让“我不知道”成为你的基本态度！

2 找出你至少应该知道的！

3 不要相信你所以为的一切！

4 与其让意外找上你，不如自己去找寻意外吧！

5 改变你的环境才能改变你自己！

02 在开始决策过程之前

决策通常被描述为一个“过程”。过程会消耗时间和资源，并具有一定的逻辑结构。每个过程都有两个特别重要的点：起点和终点。就决策过程而言，终点就是“决定”，即做出决定，承诺要做或不做某事。但其实决策过程的起跑信号也是一个决定，这是对决策进行投资的决定。为了使这项投资取得成功，一些初步的考虑是有用的。这些初步考虑涉及你自己在决策过程中的角色和其他人的参与。应该弄清“慢思考”是否必要，以及在多大程度上必要。

了解你的角色

决策过程需要人。如果组织需要进行方向性决策，则通常需要一群人来进行。因为这涉及专业知识、思维和劳动分工等因素。我们之前讨论过这个问题。然而现在我们有了一个新的想法：同一个人可以在一个决策过程中扮演不同的角色。

“决策者”绝不是说就一定是高级别的人。有许多人参与决策的准备，但他们不一定要参与决策的拍板。诸如此类的假设都是典型的“快思考”。如果我们想要做出好的决定，那么就必须摆脱它们，并且在设计决策过程时应尽可能地利用一切自由度。

一个特别重要的自由度在于人们和自己扮演的角色在精神上的分离。在决策过程中有四个基本角色：所有者、准备者、专家和决策者。一个人可以拥有一个或多个角色。一个角色也可以由一个或多个人担任。

在你开始考虑其他人的角色之前，你可以先思考自己在决策中扮演什么角色？

填写下一页的核对表，了解你（已经/将要）参与的决策过程。

哪些陈述符合你的情况？

*用“√/×/？”（√代表“是”，×代表“否”，？代表“不知道”）回答每个陈述

O 所有者	☐	我需要这个决策。
	☐	我想有这个决策。
	☐	我启动并完成决策过程。
V 准备者	☐	我计划、组织和控制决策过程。
	☐	我收集对决策很重要的信息。
	☐	我提供了决策的依据。
A 专家	☐	决策时需要我的专业知识。
	☐	我应该执行后期的决策结果（实施者）。
	☐	我应该使用后期的决策结果（使用者）。
E 决策者	☐	我拍板定案或做决定。
	☐	我在备选方案中进行选择。
	☐	我对决策负责。

如何解读核对表的结果

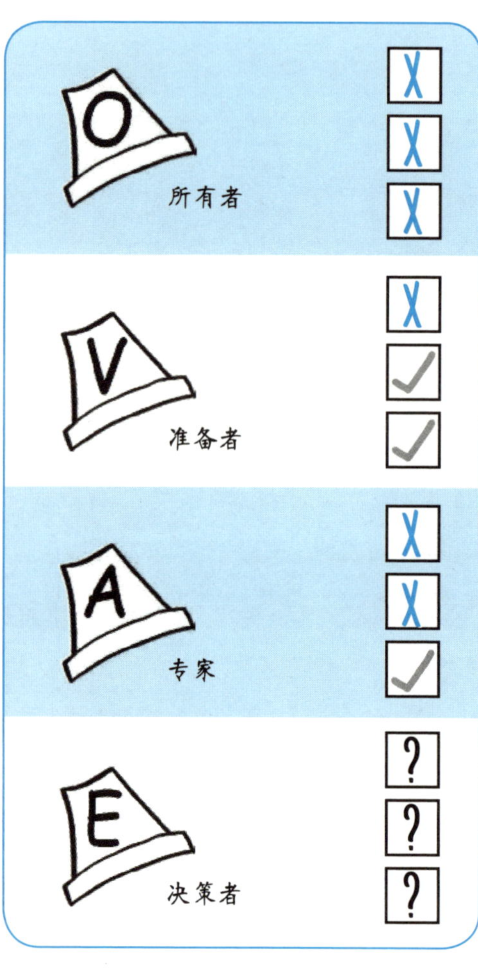

1 如果你在一个类别中给出了三个“×”，你就不属于该角色。那么必须至少有一个人担任该角色。

2 如果你在一个类别中给出了三个“√”，你就属于该角色。给出的“√”越多，你的角色就越清晰或越全面。

3 如果你在一个类别中给出的“√”少于三个，就表明应由其他人担任该角色。如果你担任着“准备者”的角色，你就应该识别出能担任该角色的其他人（请参阅“确定重要人物”）。

4 你给出的“？”越多，你对自己属于的角色就越不清楚。如果你是“准备者”，那么你的任务就是消除所有的“？”。比如，通过询问“所有者”。

所有者

“所有者”是最基本的角色。因为所有者想要拥有决策。如果没有人想要或需要决策，那么就不需要决策过程。

作为所有者，你在决策中投入了时间和资源。不仅是你自己的时间和资源，还有其他人的。因此，你会主动开创一些新东西。这就是领导力的本质。“所有权”代表着领导！在“所有者”的领导角色中，你还可以决定应该由谁来拍板和准备决策，是你自己还是别人，或是一起。

准备者

作为“准备者”，你负责设计决策过程，并组织和控制它。这是一项管理任务，也是一项领导任务。因为它围绕着汇集、分析和采纳专家的建议。这是不能被“快思考”所造成的感知扭曲影响的。因此，本书中的“慢思考”方法主要是为你而写的。作为决策准备者，你要积极并且有的放矢地使用这些方法。

专家

“专家”是指拥有做出决策所需要的专业知识和经验的人。他们是熟悉决策的主题和背景的人，这些人也包括决策结果的后续实施者和使用者。基本上，它是指所有为这个决策事项在忙碌并了解它的人——不是泛泛地了解，而是深入和彻底地熟悉掌握。由于方向性决策的性质，需要来自不同学科的多位专家共同参与决策。

决策者

“决策者”是指所有做出决定、选择和承诺的人。与所有其他角色一样，决策者的角色可以由一个人承担，也可以由几个人分担。

了解“决策者”和“所有者”是完全不同的角色非常重要。在接下来的几页中，我们将详细解释为什么这一点如此重要，以及区别在哪里。

如果你是决策者，你还需要对你已（参与）做出的决策负责，即对所做决策的方向及其后果负责。

忘掉决策承担者——有所有权才要承担义务！

在公司中，人们经常会使用“决策承担者”一词。我们认为这个词是没有什么帮助的。因为它既不是指做决策的人，也不是指在公司有权做出决策的人。至少情况不应该如此——如果我们希望能够灵活地调整决策过程以适应不确定的和快速变化的环境，那么情况就不应该如此。

诸如“决策承担者”之类的术语和与之相关的定义助长了“快思考”，并极大地限制了我们的创造自由。如果我们想更好地组织决策过程，那么就必须放弃它们。最好的办法是把“决策承担者”一词从我们的词汇表中完全删除。但要做到这一点，我们必须主动地“忘却”，并用更好的术语取代它。

什么是更好的？我们的建议就是上面提到的四个角色。特别是引入“所有者”的角色并有意识地将其与“决策者”的角色区分开来，这有助于增加明确性和灵活性。稍后我们将继续这个主题（另外，请参阅第二部分后面的“做出好的决定”）。

为了做出好的决定，我们必须打破“决策承担者 = 领导 = 决策者”这个等式。

所有者

vs.

决策者

有所有权才承担义务！作为所有者，你发起了决策过程；这就是你的孩子，你要对其负责。你要对决策过程的合理性和资源的使用负责。

作为所有者，你有选择权。在绝大多数情况下，你可以决定你是独自做决策，与他人一起做决策，还是完全委托他人做决策。这同样适用于决策的准备工作。对此，你通常也可以决定是否以及在多大程度上将决策的准备工作交给其他人。

作为决策者，你要为所有者（需要做决策的人）服务。你不需要对整个决策过程负责，但是你要对你的决策质量负责。

所以不妨问问自己，如何才能做出一个好的且明智的决定。你应该告诉决策的“准备者”你需要什么——在信息及其分析和处理方面。只有清晰明确地传达了要求，决策准备者才能为你提供适当的决策依据。

作为所有者，你决定……

- 谁戴“决策者”的帽子。
- 谁戴“准备者”的帽子。

作为决策者，你决定……

- 需要什么样的决策依据。
- 什么应该做或不应该做（决断）。

作为所有者——典型的角色组合

一人担任所有角色

你担任全部四个角色，因此参与了决策过程的所有阶段：你（参与）发起决策，你（参与）组织决策，你贡献自己的专业知识，最后你（参与）做出决策。

这是自组织结构的典型情况。

所有者与决策者

你是需要做出决策，并因此启动了决策过程的人。你将决策的准备工作委托给其他人（比如，内部团队或外部顾问）。最后，你根据创建好的决策依据做出决策。

这是层级结构的典型情况。

所有者、决策者与专家

与“所有者与决策者”的情况相同，但有一点不同：你也是一个专家！幸运的是，你知道你作为专家往往会“快思考”（请参阅下一页的“小建议”）。因此，你把决策的准备工作委托给可以帮助你“慢思考”的人。

这是专业人士担任领导职务的典型情况。

纯粹的所有者

你需要做出决策，但你不具备这方面的专业知识，也没有时间充分熟悉这个方面。此外，你不希望或无法自己控制决策的准备工作。因此，你移交了所有其他角色，包括“决策者”的角色。

这是信任合作的典型情况。

作为准备者——典型的角色组合

准备者与专家

决策权是由所有者委托给你的。所以，你被赋予的任务是准备一项决策。你将自己的专业知识带入决策过程（请参阅下面的“小建议”）。你为其他人做出决策提供了决策依据。

这是项目经理和顾问的典型情况。

纯粹的准备者

你的任务是准备一项决策或为一项决策的准备提供支持。但是，你没有该事项或技术方面的专业知识。你的优势在于你在内容方面的中立性，以及你对主持调解、方法和过程方面知识的全面了解。

这是主持者和推进者的典型情况。

小建议

如果你在作为准备者/所有者的同时，也是一个“专家”（比如，技术专家），那么你必须特别小心，因为你这个专家是一个“独眼”专家，因此特别容易“快思考”。然而，作为所有者/准备者，你希望参与其中的每个人都能在适当的时间进行“慢思考”。你自己的专家角色也是如此。

!

本书适用于那些寻求正确决策的人和帮助做出这些决策的人。本书是为做出良好决策的所有者和准备者而写的。

确定重要人物

在清楚自己的角色之后，作为决策的所有者/准备者，你应该将这个流程告知其他人。首先，你应确定所有对决策有重要影响的人。其次，你要确定这些人的角色。以下程序将经典的“利益相关者管理”与“慢思考”相结合。“慢思考”包括反思你最初的假设，有意识地做出新的假设，然后重新审视这些假设。

小建议

当你正在为一项决策寻找新的视角时，你可以与你的人际网络中信任的人交谈，告诉他们你所面临的情况。然后询问：“您会推荐谁作为决策过程的投入者（Input Prolider）？”

1. 问你自己

列出你认为对决策很重要的人员（“利益相关者”）名单。你也可以从第三方获得灵感（请参阅“小建议”）。然后，请在名单右侧创建第二栏。在这一栏中，写出你认为决策需要这个人的原因。查阅关于角色的陈述清单（即前文“了解你的角色”一节中的核对表）。哪些陈述（可能）符合这个人？在下一页，你可以找到这样一个示例，说明这种自我询问可能取得什么样的结果。

在完成后，你要进行交叉检查：你能根据陈述清单中的每一项陈述出至少一个人吗？如果不能，就请标记这一项（比如，用“！”）。“！”标记表示这一项还悬而未决，有待清除。核对表中的陈述描述了程序中的必要责任。如果这些责任没有被分配到位，那么就会出现责任空缺。如果空缺继续存在，就有可能存在做出一个不太好的决策的风险。

决策过程中（假定的）“利益相关者”的名单。

人员	为什么需要这个人？
J.F. 李	所有者 / 委托人：想要做出决策
T. 海因辛格	做出最终决策（与 J.F. 李？）
M.L. 本	负责人事合同 / 员工权利
P. 劳巴赫	“设施管理”方面的专家
K. 佩妮	数据保护专员
D. 格雷	IT 经理→还需要来自 IT 部门的哪些人
我自己	准备决策

假设这些人为什么对决策很重要（以及他们在决策过程中扮演的角色）。

2. 问其他人（检验你的假设）

联系“利益相关者”名单中的人员并与他们交谈。这些对话可以很短，不到 15 分钟。谈话的目的有两个方面。首先，你可以检验你的假设：这个人是否也认为他们应该参与决策——并且是否出于和你一样的理由。其次，你可以把这个人作为一个“人际网络”资源，向其询问：“你觉得还有谁应该参与，为什么？”这些答案将增加你的人员名单，并可能引出进一步的对话。正如我所说的，谈话要简短，稍后你还会与人进行更深入的交谈（请参阅下文的“衡量决策的新型程度”）。

> “假设，是美妙的，
> 因为它们可以被质疑。”
>
> ——扬·贝洛·门德斯（Yan Bello Méndez）

3. 将结果可视化

理想情况下，你现在已经了解决策过程中需要的所有人。你知道需要哪些人积极行动才能做出决策。他们也知道这一点。

你也已经取得了不少成果。在实践中，责任往往既没有得到充分认识，也没有明确分配。在这个过程中，重要人物被确定得太晚的情况并不少见——这会对决策的质量产生相应的影响。你在这方面做得不错。

因此，请为你获得的结果感到自豪，并将它们可视化呈现出来吧！事实证明，下一页所展示的表格就很有价值。我们称之为“决策帽”。该表格描述了决策过程中谁戴哪顶帽子。

接下来的几页，将介绍一些决策过程中角色分配的示例。提醒一下：在决策过程中，四个角色都必须有人担任；每个角色可以由一人或多人来担任。

谁戴了哪顶帽子?

帽子	人员 1（姓名）	…	人员 n（姓名）
O 所有者			
V 准备者			
A 专家			
E 决策者			

谁戴了哪顶帽子：电动汽车车队策略

帽子	K. 卡特（首席运营官）	P. 拉佩（外部顾问）	T. 托马斯（首席执行官）	…
O	✓			
V		✓		
A		✓		✓✓✓
E	✓		✓	

左边的例子

左边的表格展示了一个车队项目中角色分配的“决策帽”。车队要将燃油汽车换成电动汽车，对此进行调研。决策过程是由首席运营官卡特女士发起的（所有者）。一位外部顾问被委托编制决策模板（准备者），同时他也是电动汽车和车队管理方面的专业人士（专家）。此外，K. 卡特还咨询了几位内部专家和车队的用户（此处仅隐含提及）。根据“四眼原则”[㊀]，管理团队中必须有第二个人参与做决定。在这种情况下，这里的首席执行官是“决策者”，但不是决策的“所有者”。

下一页的例子

下一页的表格展示了有关引入“虚拟办公室”可行性研究的“决策帽”。这项研究探讨了将家庭办公与灵活的坐班时间相结合的工作组织的优缺点，以及成本和效益潜力。决策过程由人力资源主管（J.F. 李）发起。她委托她的同事（P.E. 沙因）对决策过程进行计划和控制。由于主题的复杂性，需要来自不同学科的多位专家。比如，员工权利专家（M.L. 本）、设施管理经理（P. 劳巴赫）、数据保护与安全专家（K. 佩妮），以及各种 IT 方面的专家（D. 格雷和 C.K. 伦格）。最后，由三人（J.F. 李、D. 格雷和 T. 海因辛格）组成的执行委员会共同做出决策。

㊀ “四眼原则”：（four-eye principle）源于西门子的管理制度，又称“四眼”管理原则，是指所有的重大业务决策都必须由技术主管和商务主管共同做出决策，从而保证运营战略能平衡商业、技术和销售等各方面的风险，译者注。

谁戴了哪顶帽子："虚拟办公室"可行性研究

帽子	J.F. 李（人力资源主管）	P.E. 沙因（人力资源团队主管）	M.L. 本（员工权利专家）	P. 劳巴赫（设施管理经理）	K. 佩妮（数据保护与安全专家）	C.K. 伦格（IT 基础设施专家）	D. 格雷（IT 主管）	T. 海因辛格（董事总经理）
O 所有者	✓							
V 准备者		✓						
A 专家	✓	✓	✓	✓	✓	✓	✓	
E 决策者	✓						✓	✓

衡量决策的新型程度

“快思考”只适用于熟悉的领域。决策的新型程度决定了你在决策过程中是只能“快思考”，还是必须“慢思考”。

你新学会的基本态度（“我不知道”）应该首先引导你去了解一个决策是否是熟悉的或是新型的。

但是，“新型”是什么意思呢？可能在世界上的某个地方已经有了类似的决策。但要了解关于某一类型的所有决策却很难实现。因此，评估一项决策新型与否，必须从相关参与者的角度主观判断。这是有道理的。

事实上，即使已有其他人多次做出过类似的决策，或者在你作为经验丰富的管理者看来，这种决策已经是家常便饭了，但对其他相关人员来说可能并非如此。你恰好不知道，因此你应该去了解清楚。否则，你就有可能在决策过程中出现重大的感知和推理错误。

下一页的表格为你提供了衡量决策“新”的程度的结构框架。

决策的新型程度可以根据以下一个或多个方面中认为决策是否是新型的参与者人数来判定：

- **主题：**该决策涉及的主题或专业领域在很大程度上对当事人来说是未知的，或者提出了某种看起来很新的观点。
- **结果：**决策过程产生的结果的形式或内容与通常的结果不一致。
- **环境：**决策是在相关人员并不了解的组织、文化或地理环境中做出的。
- **途径：**在决策过程中，使用不太熟知或不太常用的工具、技术或程序（比如，某些软件工具）进行合作和交流。
- **群体：**决策过程对相关参与者来说意味着将扮演新的角色。决策过程也会涉及完全未知的群体组合，比如涉及来自不同专业学科或公司部门的人员。

在接下来的几页中，我们将解释如何以“慢思考”的方式衡量决策的新型程度。为了说明这一点，我们将继续以“‘虚拟办公室’可行性研究”的实例来阐述。

我以前也曾参与过这种决策：（决策名称）

项目	人员 1（姓名）	…	人员 n（姓名）
类似的主题？			
类似的结果？			
类似的环境？			
类似的途径？			
类似的群体？			

如何衡量一项决策的新型程度

在你确定了参与决策过程的重要人物后，你可以和他们一起衡量决策的新型程度。为此，要把相关的参与者聚集在一个房间里。请每位相关人员在一张纸上列出以下内容：

- 主题
- 结果
- 环境
- 途径
- 群体

这一步完成后，简要阐述每个构件的重要性和练习的目的。接下来，要求参与者针对五个项目中的每一项回答以下问题：“我是否曾经参与过类似的决策？”

答案应该写在纸上。让参与者独自完成练习，不要讨论。这样可以避免不必要的引导和群体效应。留出 5 分钟的书写时间。

然后，请参与者简要介绍他们的答案。简短的解释可以很快展示出参与者对决策项目的了解，以及对他们来说决策的新型程度。使用模板对结果进行汇总，比如写在白板上。如此，你会得到一个类似于下一页的表达呈现。

该表格以一家中小企业培训机构为例对这个方法进行了说明。表格展示的是非常典型的组织中的方向性决策：主题专家对该主题很熟悉，但结果的类型和决策的程序对他们来说是陌生的。而对于管理人员来说，情况往往相反：他们熟悉管理和决策工具，但不熟悉主题。对于大多数参与者来说，他们在决策过程和群体组合中的角色也是新的。因此，虽然肯定会有相熟的人，但决策过程还是会把那些在日常工作中不“那么”在一起工作的人聚集在一起。“那么”表达了挑战的新型程度。这里的“那么”需要决策过程中的“慢思考”。

如果一个决策从参与者的角度看是新型的，那么它就是新型的。

我以前也曾参与过这种决策：“虚拟办公室”可行性研究

项目	J.F. 李（O/E/A）	P.E. 沙因（V/A）	M.L. 本（A）	P. 劳巴赫（A）	K. 佩妮（A）	C.K. 伦格（A）	D. 格雷（A/E）	T. 海因辛格（E）
类似的主题？	X	X	✓	✓	✓	✓	✓	✓
类似的结果？	✓	✓	X	X	X	X	✓	✓
类似的环境？	✓	X	✓	✓	X	✓	✓	X
类似的途径？	✓	✓	X	X	✓	X	✓	✓
类似的群体？	X	✓	X	X	X	X	✓	X

新型的决策需要“慢思考”

衡量决策新型程度过程呈现出来的很可能是混合的、不一致的情况。也许这个决策计划对一个人来说非常熟悉，而对另一个人来说却完全陌生。或者你衡量了一个决策，这个决策“只”在“群体”这一项对每个人来说都是新型的。各种各样的组合在这里都是有可能的。这些组合中没有一个可以用数学来评估。比如，根据理念：如果有 50% 的未知，我们就必须“慢思考”。这种相对的数字和平均的考虑是没有帮助的。如果你在寻找评估矩阵的经验法则，那么不妨使用以下这两个方法：

– 如果对大多数参与者来说，上述五个项目中有几个都是新型的，那么可以认为决策特别具有挑战性。

– 如果上述五个项目中，至少有一项对大多数参与者来说是新型的或未知的，那么你就应该在决策过程中引入“慢思考”。

衡量决策的新型程度不仅有助于了解一个决策项目实际的已知程度或未知程度，还可以产生另一个非常有用的发现。

当人们讨论对结果、途径、主题等熟悉程度的评估时，他们的假设会变得清晰。也许有人认为自己知道这个主题，也许有人认为自己以前曾参与创造过类似的结果。这些假设可能是真的，也可能不是真的。把它们说出来，你就可以处理它们。你可以对它们进行讨论、澄清，并在必要时解决矛盾和误解。这是在开始决策项目时要做的一件大事。

基本上，在每个新项目开始时，我们不会以相同的方式看待事物，也不会立即正确看待事物。我们还得解决这个问题。

误解不一定会先产生，

这是自然的状态。

我们需要培养的是理解。

03 在决策过程的启动阶段

“决策”（德语为 Entscheidungsfindung，直译为“找到决策”）一词具有误导性。因为方向性决策不是通过找就能找到的，而是必须经过努力工作制定出来的。这里所讨论的工作是对新知识的系统性搜索。换句话说，决策是一项研究任务。

所有好的研究都始于一个“研究问题”。研究问题描述了研究的必要性。如果没有研究的必要，任何研究都可能被遗忘。决策也是如此。因此，在每一个决策过程的一开始，我们都应该首先明确决策的必要性。而且同样的，我们也应该让每个对项目重要的人都能理解它。

切换到正确的思维模式

“慢思考”有一个很大的缺点：很累！

任何参加过一次“慢思考”模式下的研讨会的人都会证实这一点：非常高效，但也很累。在那之后，我们肯定需要休息一下。“快思考”是我们的默认模式，这不是没有道理的。它不花费我们的精力，节省了我们的资源；它对于大多数任务来说是足够的，但对新型的、方向性的决策任务来说不是。对于这些任务，我们必须“慢思考”。但我们不可能一直这样做，这也太费劲了，它会让我们精疲力竭。对其他参与者来说也是如此。

所以，我们必须改变节奏，我们需要切换开关。不是一劳永逸，而是要根据情况不断地改变。我们必须有意识地在“快思考”和“慢思考”之间来回切换。

英国喜剧演员约翰·克莱斯使用了另外两个意思相近的术语：“开放模式”和“封闭模式”。在对高层管理人员的一次演讲中，他解释说，每个人都总是在运作着这两种模式中的一种。“开放模式”是更加放松、包容、探索和民主的。“封闭模式”是更加狭窄、僵化、坐井观天和层级性的。

许多管理者都非常擅长“封闭模式”的运作。

在**开放模式**下，我们乐于接受和探索；此时，我们不带成见地进行搜索（又名：探索者模式）。

在开放模式下，我们……是最明智的。”

——约翰·克莱斯（John Cleese）

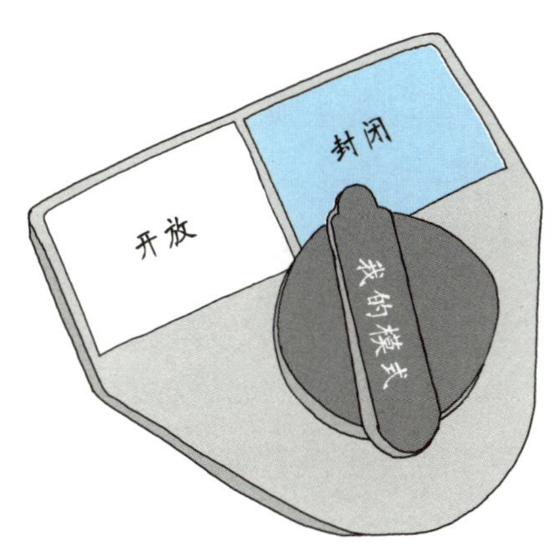

在**封闭模式**下，我们视角片面、闭目塞听；此时，我们抱着把事情做完的心态（又名：完成者模式）。

在这种模式下，人们可以集中注意力，并把事情完成。封闭模式不需要质疑，只需要“贯彻执行”，即便这会让你很难受。这听起来可能很苛刻，有时也确实如此。但如果你一直以这种模式行事，一切就会出奇简单，即便客观来看还是很辛苦。顶级运动员会不假思索地进入下一个训练环节——即使这会让他筋疲力尽。一位高级经理去参加一天中的第 *n* 次会议也完全不用思考——即使他已经完全疲惫不堪。真正困难的不是不加反思的重复，而是反复的自我反思（见前文“从自己开始”）。对我们来说，随之而来的是有意识的切换，即根据情况选择正确的运作模式。

约翰·克莱斯主张，无论如何，我们应经常开启“开放模式”。因为在这种模式下，我们是最有意识的、最为包容的，因此也是最明智的。我们赞同这一点。此外，我们还想补充：在开放模式之后，我们还必须切换回来，把事情完成。只有改变节奏才能成功！因为只有通过交替采用开放模式和封闭模式，我们才能认识到什么是重要的，并从中得出结果。

我们需要的是有规律的节奏变化！

打败“没耐心”怪兽

如果一个决策项目被衡量为新型的，你就应该以“开放模式”进行“慢思考”。这需要一些让大多数勤奋工作、有事业心和责任感的“拔尖者”都觉得困难的东西：耐心！

耐心的前提是在即将到来的讨论和研讨会之前，你首先要做一件事：按兵不动。在实践中，这意味着在你与主要参与者共同思考之前，先不要进行内容规划和组织工作 [请参阅下文“在直接合作中（研讨会）”]。在共同会议的准备阶段，你要抑制住提前思考问题并指出可能的解决方案的职业冲动。以解决方案和建议为导向的工作通常来说是好的，但其并不能在一个新型项目的启动阶段开展。因为即使你出于最好的意图和自我承诺（“我必须知道”）行事，你也只是表现出了你最初的评估，这将大大限制你自己和其他参与者的开放性。

根据经验法则，我们在一个计划、一个概念、一个演示等方面投入的精力和时间越多，我们就越不愿意改变“预先设想”的内容。换句话说，如果你自己没耐心，那么就会迫使其他人也进入“封闭模式”。这真的是你想要的吗？

如果你作为一个领导者没有耐心，就会迫使其他人也进入“封闭模式”！

没 – 耐 – 心

拉丁语 impatentia industria[㊀]

它的目标就是终点，路途不过是讨厌的麻烦。它想快点结束这一切。为此，它与它的朋友“马虎”和“无知”（它亲切地称它们为“效率”和“专注”）合作。三者共同结成了一个强大的团伙。“创造性”和“开放性”住在城市的另一端。然而，它从未与它们谋面。

㊀ 根据无与伦比的克里斯蒂安·莫泽（Christian Moser）和他的“日常生活中的怪兽”（见“参考资料”）。

反思你的假设

“慢思考”的起点是自我反省。我们无法抵御自己的“快思考”——它总会发生，并不断地产生一些潜意识的假设。在决策过程的启动阶段，我们脑海中自然会有与我们的专业和经验相关的答案和评价。重要的是我们要清楚我们直觉的答案和评价是什么样子的。

然而，仅仅清楚我们自己的假设是不够的。良好决策的第二个必要前提是，我们应有意识地将最初的判断和反应归为“先验理解”和“先验知识”。与通过选择性的感知无意识地巩固我们的直觉假设的“快思考”不同，“先验理解”和“先验知识”应被有意识地列为需要克服的临时状态。这一点最好以书面形式进行。

我们之前使用过这个程序，当时我们列出了一份假定的决策过程参与者的名单，然后在与人员的谈话中检验我们的假设。

比如，在每一个新型挑战开始时，你可以养成在表格中简要记下你对该挑战的“了解”的习惯（第 1 栏），并在旁边写下你假定的知识的来源（第 2 栏）。只需要几分钟的时间，它就可以很快告诉你，你的假设是基于客观的数据和事实，还是毫无根据，摇摇欲坠。

因为这项技巧非常重要，所以你可以把它建立为一个新的常规。

不能被事实动摇的假设，称为“知识”。

灵感来自威利·米勒（Wiley Miller）

“臆断是所有失败之母！”

——马库斯·潘恩（Marcus Penn）

明确决策的必要性

在组织中，许多人对应该做出什么决策都自有判断。他们对为什么可能需要一个决策有自己的想法。他们对一个决策可能导致的后果也都有自己的假设。

但这些意见都不算数！唯一重要的观点是决策所有者（或多个所有者）的观点。所有者是决策的发起者和带头人——只有所有者才能告知决策的真正目的。

在组织中，人们总是一次次地遇到没有明确所有者的决策项目。有时是“某个人”负责，有时是“所有人”都要负责。但“所有人”和“某个人”通常也是“没有人”的同义词。

尽管如此，这种类型的决策在某种程度上还是被认为是“重要的”且应该做出的（常常连流程和预算框架都确定下来了）。在这个过程中，参与者既不清楚一开始是谁需要决策，也不清楚最后谁会负责。

这种做法总是会使决策效率低下。最坏的情况下，它会导致没用、荒谬甚至有害的结果。

因此，应该停止没有所有者的决策过程，甚至最好不要开始。因为只有所有者才有做决策的需求。如果没有人有需求（而且愿意并能够解释其需求），那么就没有必要做出决策。

现在，我们是在为那些真正想塑造事物和推动事物发展的人写这本书。对于这些人来说，下面的“决策画布”可以帮助他们清楚地了解自己的决策需求。

“决策画布”可以独自完成。然而，对于“慢思考”，我们建议使用不同的方法。它被称为“思考者三人组”，在本书的第三部分中有相关。简略的版本是这样的：找到两个支持你的人。第一个人问你问题，你来回答。第二个人在画布上写下你的答案。然后，将画布呈现给你，你们可以一起讨论。与简单地填写“核对表”相比，该方法具有明显的优势。关于这一点，本书第三部分有更多介绍。

没有所有者就没有需求，没有需求就没有决策！

“某个人”不是任何人，“所有人”也不是任何人。

决策画布

所有者

决策故事

应该决定的是什么或关于什么？
事情：

不应该决定的是什么或关于什么？

（所有者）做出的决策是为了什么？
目的：

这个决策将为谁改变未来？

人物

谁应该最终做出决定？
决策者：

谁组织和指导决策的准备工作？
准备者：

需要谁的专长或知识？
专家：
实施者：
使用者：

时间

为什么现在要做决策？

到什么时候需要做出决策？

延误的成本或后果是什么？

决策卡
记录用于决策的问题。
BY-SA overthefence.com.de- 决策卡（decision making cards）（2020 年 8 月）

它可以是这样的

可使决策需求变得清晰。

卡片上的问题与决策画布上的问题相对应。将问题卡与“决策画布”结合起来使用或单独使用。

作为决策的所有者，你可以自己处理卡片上的问题。但最好请一两个人使用问题卡采访你，并收集你的答案（比如，写在“决策画布”上）。然后，你们可以一起看看是否仍有需要明确的地方。

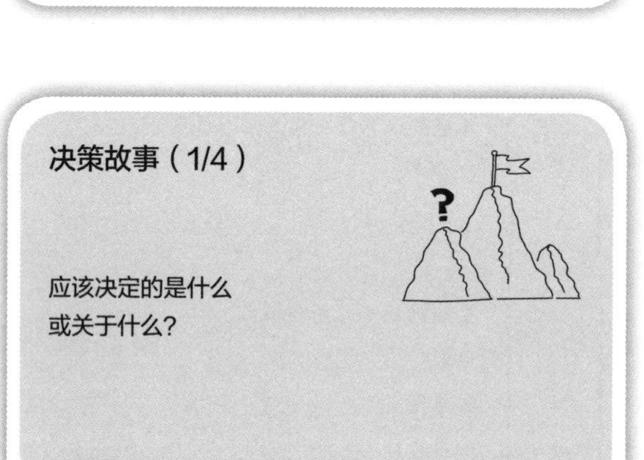
决策故事（1/4）
应该决定的是什么
或关于什么?
BY-SA overthefence.com.de- 决策卡（decision making cards）（2020 年 8 月）

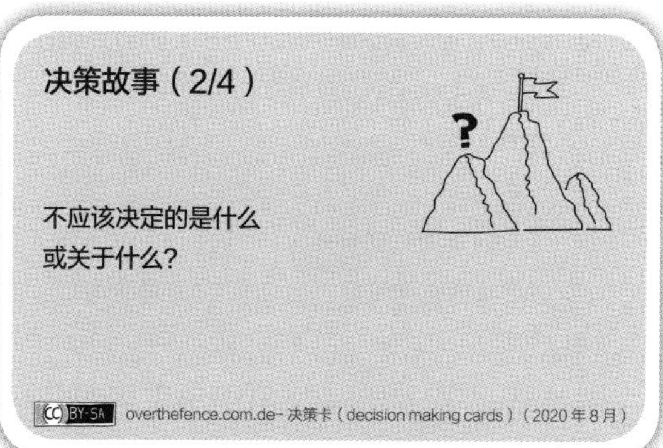
决策故事（2/4）
不应该决定的是什么
或关于什么?
BY-SA overthefence.com.de- 决策卡（decision making cards）（2020 年 8 月）

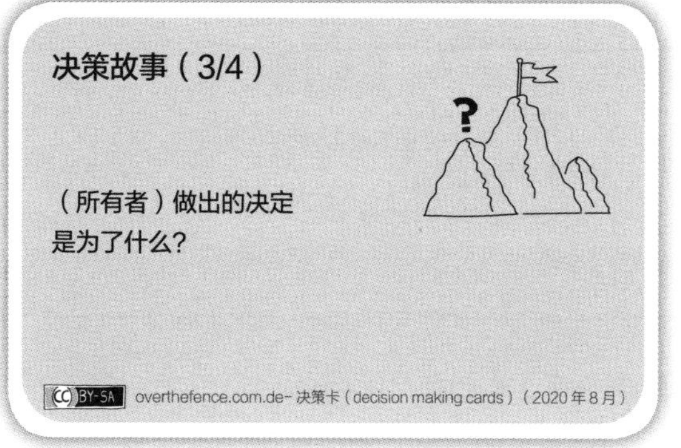
决策故事（3/4）
（所有者）做出的决定
是为了什么?
BY-SA overthefence.com.de- 决策卡（decision making cards）（2020 年 8 月）

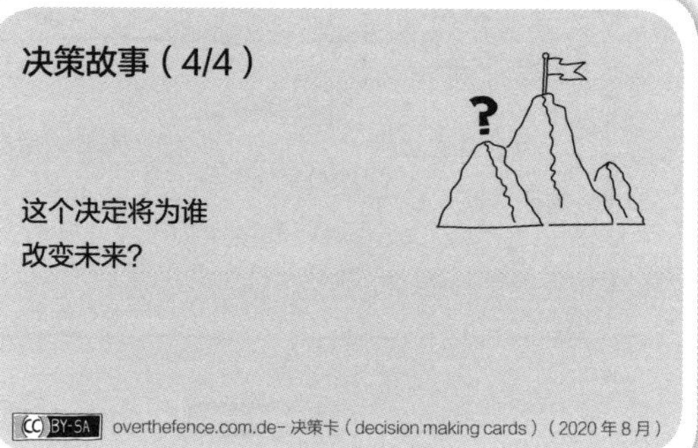
决策故事（4/4）
这个决定将为谁
改变未来?
BY-SA overthefence.com.de- 决策卡（decision making cards）（2020 年 8 月）

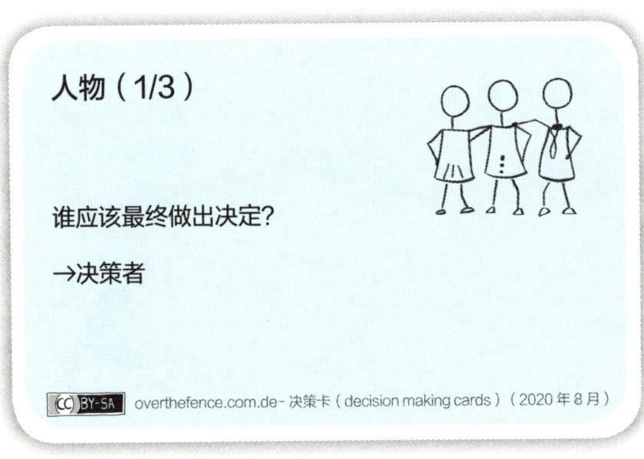
人物（1/3）
谁应该最终做出决定?
→决策者
CC BY-SA overthefence.com.de- 决策卡（decision making cards）（2020 年 8 月）

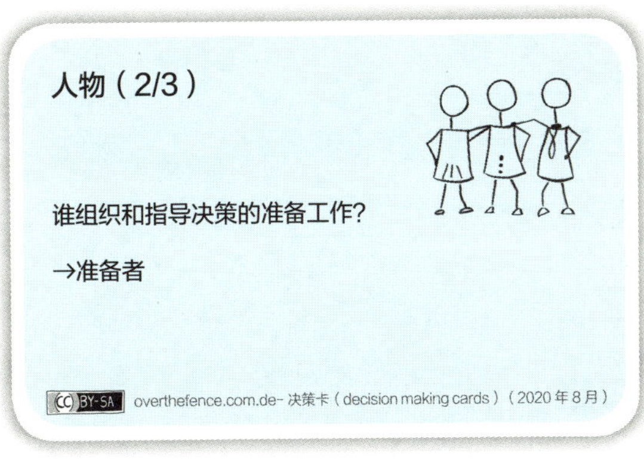
人物（2/3）
谁组织和指导决策的准备工作?
→准备者
CC BY-SA overthefence.com.de- 决策卡（decision making cards）（2020 年 8 月）

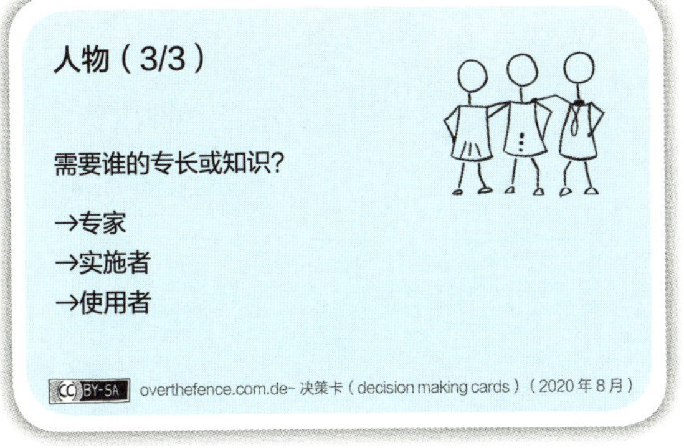
人物（3/3）
需要谁的专长或知识?
→专家
→实施者
→使用者
CC BY-SA overthefence.com.de- 决策卡（decision making cards）（2020 年 8 月）

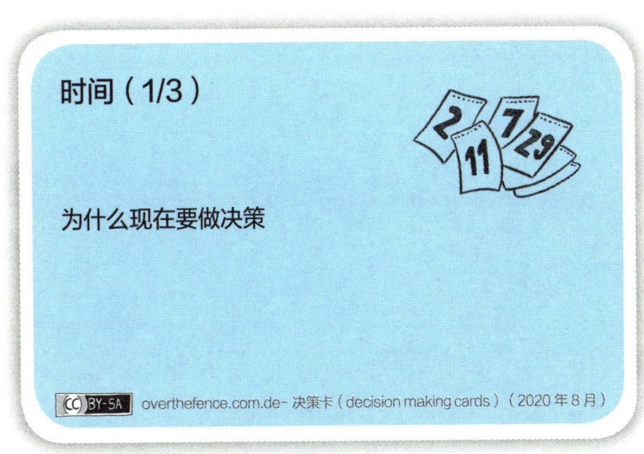
时间（1/3）
2
11
7
29
为什么现在要做决策
CC BY-SA overthefence.com.de- 决策卡（decision making cards）（2020 年 8 月）

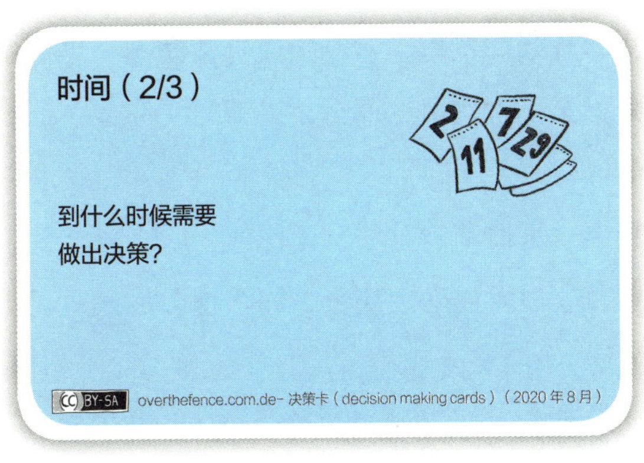
时间（2/3）
2
11
7
29
到什么时候需要
做出决策?
CC BY-SA overthefence.com.de- 决策卡（decision making cards）（2020 年 8 月）

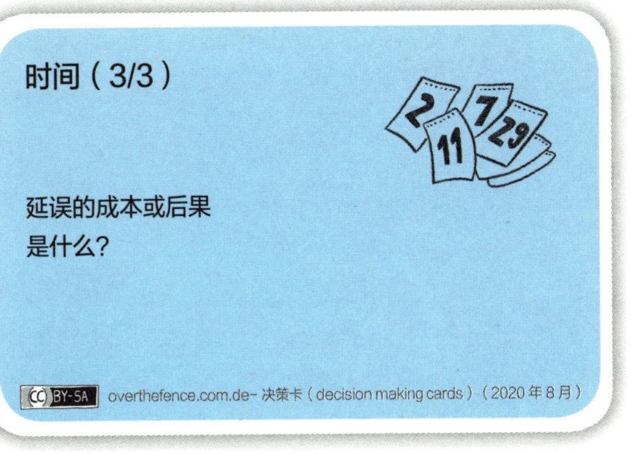
时间（3/3）
2
11
7
29
延误的成本或后果
是什么?
CC BY-SA overthefence.com.de- 决策卡（decision making cards）（2020 年 8 月）

编制决策的“用户故事”

当我们在实践中应用“决策画布”时，会出现不同的结果。有时，问题的答案极其精确，一切都形成了一个连贯的画面。那么，决策的需求就足够明确，决策过程就可以立即开始。然而，有时画面仍然模糊不清，或者与部分答案不大吻合。那么，这就需要你进一步思考。

现在我们将介绍一种简单的方法，让你作为所有者在使用“决策画布”后可以确定决策的需求是否足够清晰。

为此，你要有一张完成的“决策画布”，并且集中关注“事情”和“目的”这两个点。将这两点的内容（即答案）记录下来（通常你需要稍微改一下措辞）。

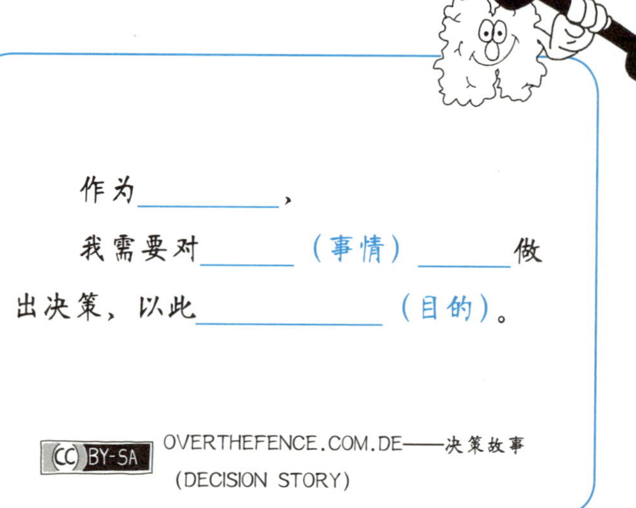

作为＿＿＿＿，
我需要对＿＿（事情）＿＿做出决策，以此＿＿＿＿（目的）。
CC BY-SA
OVERTHEFENCE.COM.DE——决策故事
(DECISION STORY)

现在通过大声朗读来检查这个句子。听起来怎么样，这句话是否有意义？关于该事情的决策是否适合用来实现既定目的？事情和目的是否足够明确，以及是否也有类似的详细描述？

我们在问自己这些问题时，总是倾向于回答“是”。这是我们在第一部分讨论过的“快思考”和感知扭曲导致的。因此，如果你来问别人问题，会更有效。这个人最好是你信任的人，能够开诚布公地回答你。

如果答案仍然为“是”，那么很好。如果答案为“不是”，那么你应该努力明确决策的必要性。也许你会再次回到“决策画布”上。你确实回答了全部 10 个问题吗？答案之间是否相互一致？

用户故事

“用户故事”是一个简短的故事，描述了用户（使用者）对产品属性的需求。这个想法是由 Connextra 于 2001 年发明的，可以应用于决策。“决策故事”描述了一个决策要产生一定的效益必须具备哪些属性。

小建议：决策积压

所有“决策故事”的集合描述了一个组织中决策的“积压”：哪些决策是待定未决的？谁对它们负责？“积压”显示了决策的瓶颈和重新分配，有助于确定决策的优先次序。

衡量不确定性

“知识的错觉”是做出正确决策的最大敌人。我们在本书的第一部分详细讨论了这一点。“知识的错觉”无非是“对自己的盲目性视而不见”。这是组织中的一种普遍现象：一种清晰性和视角的缺陷，是管理镜头上的一个盲点。但这种缺陷既不是与生俱来的，也不是无可救药的。我们可以采取一些措施。在本节中我们将展示如何应对“知识的错觉”。

“不确定性导图”是一种根据“慢思考”的基本规则进行的缓和对话，通过有针对性地安排“打破模式者”，从而创造一种具有高度事实导向的冷静的氛围。正式的对话过程也确保了每个参与者都有平等的空间来表达自己的想法。第一步，所有参与者都要了解是什么让其他人“打钩”，以及他们对计划中的项目事先有什么理解。第二步，将“真正的”不确定性与单纯的无知分开。通过这种方式获得的清晰性是决策过程中采取进一步行动的基础。这样，通过对此事的研究，可以减少未知因素和盲点。同时，对于真正的风险，参与者可以安排监控程序和应对措施。

在下一页，你可以找到该方法的视觉模板。

在下页左侧（手的下方）收集所有盲点。对于这些盲点，决策过程中的参与者还是可以有所作为的。盲点（即无知或信息不足）主要关于以下一些方面：

- 未知（但存在）的情况和条件。

- 重要利益相关者的未知意见和态度。

- 应该使用但尚未充分了解或实践的方法和工具。

相比之下，下页右侧（眼睛下方）收集的是未来的事件，并且其发生不受其他因素影响。这些都是风险！由于这些情况还没有发生，其发生也不在参与者的掌握之中，所以只能观察。

由于发现盲点和风险非常重要，因而在接下来的几页中提供了有关如何发现盲点和风险的分步说明。

我们的项目
存在哪些
不确定因素？

我们可以采取行动！

我们只能观察！

如何衡量不确定性——分步说明

作为决策的“准备者”，你将所有其他参与者聚集在一个房间里。在解释了研讨会的目的之后，你邀请所有参与者进行“无声的头脑风暴”。要求每个人默默地独自思考一个问题：“我们的项目面临哪些不确定性？”并在便签上写下答案。你有 5 分钟的时间。

然后请一个人把自己的便签贴到展示板上，并简要介绍一下答案。根据这些解释，大家可以很容易理解“不确定性”对这个人意味着什么。其他参与者默默地听着。出于“慢思考”的目的，如果此时不允许提问，并且不进行讨论，那么将会非常有帮助。一个人完成后，接着换另一个人，逐一进行介绍。所有人都完成后，就会有一张贴满便签的展示板。叹为观止！当每个参与者都理解了彼此的论点时，这一轮就结束了。

现在开始第二轮，按上页的模板划分出左右两栏。拿起任意一张便签并提问：“我们是否能采取什么措施消除这一点上的不确定性？”如果大家一致肯定，就将便签贴到左边（手的下方）。如果大家一致否定，就将便签贴到右边（眼睛下方）。如果小组没能迅速达成一致，就将便签放在中间。快速将所有便签进行分类。你可能会遇到与我们在大多数研讨会上所经历的一样的事情：最后很多便签都在左边，而右边和中间的则很少（稍后会探讨这些问题）。

一旦有了结果，你就可以继续下一步。从左边开始。这里的便签描述了参与者不太了解或尚未明确的

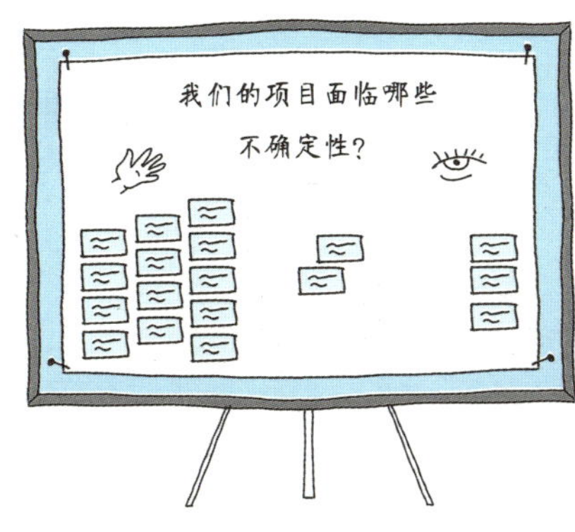

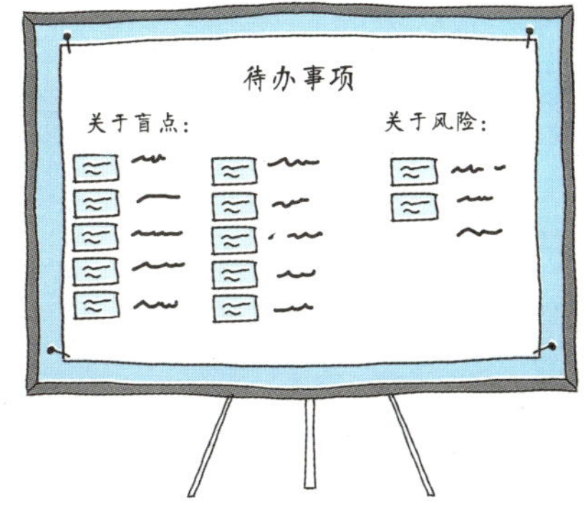

现有情况或条件。这里，你会发现诸如“不清楚究竟应该决定什么”“我不知道首席运营官是否会接受这个行动方案”“我不知道客户使用什么标准来做出选择”的便签。无论如何，这都是个人的盲点。

一些个人的盲点可以直接消除，因为其中一个参与者可能知道另一个参与者想知道的事情。针对这类盲点，参与者可以确定要采取的行动。对于一些盲点，最重要的是你需要与其他参与者一起决定该做什么。比如：①确定决策的所有者，并编制他的“决策故事”；②与首席运营官交谈，询问要求；③做市场调查。对于某些盲点，你们很可能决定什么都不做（比如，因为花费的成本太高）。但不管怎样，你都应该为每张便签做出明确的定论。

右边的便签记录的是未来的事件，参与者无法影响其发生。如果参与者能对其有任何影响，它们就会在左边（手的下方）。既然如此，参与者对它们就只能观察。此外，你还可以提前考虑在发生负面事件（风险）的情况下可以做什么，为右边的所有便签确定合适的行动（观察、B 计划、补救措施等）。

最后，清除中间的便签。既然现在大家的想法都一样，那就很容易做到了。现在，你已经为所有盲点和风险确定了合适的行动，接下来你所要做的就是决定谁来做什么。

到目前为止介绍的方法都是为了明确决策的要求而制定的。如果你在决策过程的初始阶段使用这些方法，那么你会知道：

- 决策的需求。
- 决策的相关人员。
- 决策的新型程度。
- 决策的不确定性。
- 决策导致的行动。

这些信息描述出了一个有关决策过程的“商业案例”。这是非常好的，但这仅仅是开始。

下一步是确定一个合适的程序来掌握现在已经定义的决策过程。我们将此步骤称为“决策过程的设计”，这是决策“准备者”的任务。这个过程涉及两件事：

每一个新型的决策过程都需要一个个性化的设计！

- 找到适合相关人员的流程。
- 找到一个公正处理待办事项的流程。

根据“商业案例”的性质和范围，流程或项目设计可能会非常不同。有时，即使是具有里程碑意义的决策也只需要几个人、几天时间。那么，过程设计就会非常简单（也许是连续两个研讨会和一个最终会议）。

然而，更常见的是组合决策。其中，新颖的、方向性的决策需要几个月的时间，并且通常会涉及来自广泛领域和不同学科的许多人。那么，设计任务包括为其定义一个合适的组织模型。诸如此类问题：

- 应该使用哪些技术和工具?
- 是可以“按部就班”地做出决策，还是需要一个项目?
- 应该遵循传统方式还是采用敏捷方式?

对此所涉及的考虑因素很复杂，也很烦琐。如果在这里讨论，将会超出本书的范围。我们还是希望在本书中集中讨论“慢思考”。如果你在寻找关于决策过程设计的更多信息，可以参阅我们的书：《项目设计》（*Project Design*）和《跨越栅栏》（*Over the Fence*）（见“参考资料”）。

这就是一个好的决策过程的不同之处！

程序对相关人员是公正的。

程序对相关事项是公正的。

不确定性是新型和方向性决策所固有的性质。同时，不确定性也很麻烦。毕竟，试图消除盲点需要努力对事物进行挖掘，并真正想要去了解。这种与自己的无知进行的激烈对抗，不仅令人不快，让人疲惫，而且也很耗费时间。

我们在决策过程中的盲点越多，由此产生的行动清单就越长。行动清单越长，我们完成这些行动所需的时间就越长。

这就产生了一个问题。因为在一个快速发展的环境中，决策需求是有时效的！因此，冗长的决策过程存在风险，有可能使已被确定为重要的决策需求失去时效，或必须进行调整。

更确切地说，应该是“可能必须进行调整”！因为在实践中，对决策需求的必要调整往往并不会发生。什么东西一旦被纳入“商业案例”，就会变得像铅铸一样纹丝不动。而由此产生的决策过程、精心编制的计划和预算，也要“始终如一地执行”和“规矩地处理”。

这会导致不必要的，有时甚至是有阻碍性的决策产生。更糟糕的是，这些决策代价十分高昂。

这一点可以通过将大的决策分割成小的决策来避免。但这个方法并非在所有情况下都奏效，在绝大多数情况下还是可行的。

大决策分割成小决策之后，会变得更简单也更好。

任何感知错误的分量都会减小，这让我们稍后可以更容易纠正它们。盲点被限制在一个可管理的水平。这同样适用于不可预测的环境影响。不过，最重要的论点是：我们更有可能创造出可以使用和检查的可见的结果。

不要想着去完整规划大型项目并“一口气”将其实施，而是要创造一个个相互依赖的较小的成果，积跬步以至千里，这种理念有时被称为“敏捷”。我们喜欢这个词及与之相关的理念！尽管如此，在本书中我们还是谨慎地使用了这个词。原因可以在前文

> “生活就是当你忙于制定其他计划时，发生在你身上的事情。”
>
> ——约翰·列侬（John Lennon）

中找到（参见第一部分中的“语言”一节）。

Mister Spex 的董事总经理米尔科·卡斯帕（Mirko Caspar）在一次采访中向我们描述了他的“敏捷决策过程”理念。他的描述不过就是应在决策过程开始时进行两类考虑。首先，要考虑这段旅程应该通往何处。其次，决定通往那里的第一步是什么。就这么多！不用费劲去规划整条路径，计划整个旅程。米尔科用登山的比喻来说明这一点：“在开始的时候，你要仔细选择合适的山峰。这是你旅行的终点。你还要考虑在哪里建立你的营地，你的登山团队需要哪些人加入，哪些设备是有用的。但是你还是不用确定具体的路线。然后，你就可以出发了。如果你看到路上有冰，那么你就需要装上防滑钉。或者你还会遇到悬崖，那么你就必须避开。在每一个决定的过程中，你自然会关注如何才能最好地到达顶峰。这样，根据当时的情况你就可以一步一步地进行思考和规划。”

迈向未来的道路就是你所迈向的未来。

04 在直接合作中（研讨会）

决策过程并不是由单一的决策或单一的决定组成的。相反，它包含一系列的决策。有一些较小的决策是做更大的决策所必需的。还有一些上游的决策，构成了下游更具体的决策的框架。因此，要有对决策的决策——一个完整的决策系统。

这些决策大多是通过来自不同学科的参与者的互动而产生的。丹尼尔·卡尼曼表明，跨学科合作有助于减少感知扭曲。如果我们的方法正确，并适当地组织合作，这将相当可靠！我们在本节中解释了这方面的必要原则。

研讨会中“慢思考”的三个阶段

在决策过程中，“慢思考”在很多地方都有帮助。你可以自己使用某些技巧（请参阅前文“反思你的假设”和“确定重要人物”）。在与他人的合作中，“慢思考”也特别有效，尤其是在具体的研讨会中。

“直接合作中的‘慢思考’”过程始终包括三个阶段：

- 发散思维（= 开始）。
- 转变视角（= 中间）。
- 聚合思维（= 结束）。

这三个阶段的组织安排是决策“准备者”的任务。如何更好地组织研讨会的这三个阶段，取决于研讨会的具体目的。反过来，研讨会的目的又取决于具体决策过程的性质和范围。

我们已经了解了每个重大决策过程都应该包括的两个研讨会（参见前文“衡量决策的新型程度”和“衡量不确定性”）。在这些研讨会中，我们使用了“慢思考”基本模式——但没有对其进行详细阐述。现在补上这一点。我们将说明直接合作中“慢思考”的原则。其中，我们将分别体验这三个阶段中的每一个阶段。

接下来，本书的第三部分将解释如何使用流行的管理技术，比如 SWOT 分析，而不是传统方法。这是基于三个阶段的逻辑和下面描述的原则。

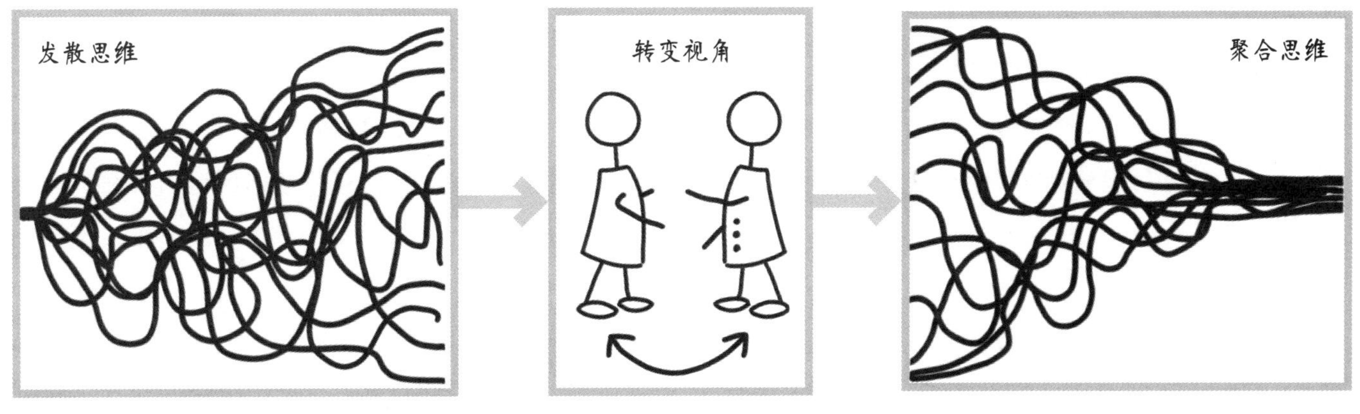

基于 Kaner（2014）的三阶段模型。

下一页→

三个阶段及其原则的详细介绍

鼓励发散思维

第一阶段的目的是尽可能广泛地收集原始信息。参与者应从所有相关参与者、学科和级别方面收集信息。这个阶段的信息可以相互矛盾，而且通常会是相互矛盾的。

发散思维阶段有助于揭示参与者的各种假设、知识和（先验）理解。因为作为一个“准备者”，你只有在事先认识和理解了差异的情况下，才能为决策创造一个公认的基础。对此最重要的要求是倾听，真诚、不带偏见和有兴趣地倾听。但在普遍存在的时间和行动压力下，这对大多数人来说是很困难的。因此，这个阶段有三个重要的基本规则：

1. 不预设答案
2. 不调整答案
3. 不讨论

在实践中，你可以按以下方式执行这三个规则。

第一，只问开放性的问题（在本书的第三部分，我们解释了如何提出真正能让受访者思考的开放性问题）。

第二，在有多个受访者的情况下，要让每个人独立回答问题。换句话说，每个人都应该自己默默思考并形成自己的答案。在这个阶段，答案不被公布，也没有比较。

第三，不允许进行反问。参与者应对提出的问题按其理解来回答。这个阶段不会有“理解错误”或“回答错误”，因为这正是问题的意义所在：显示当前理解的差异。

第一阶段：发散思维

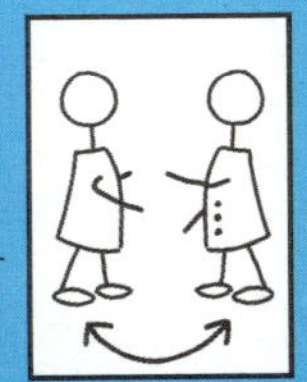

意图

收集各种不同的信息，以便为做出符合实际和可接受的决定创造基础。

基本规则

1. 不预设答案
2. 不调整答案
3. 不讨论

你没在听我说话！

一个结局圆满的悲剧

情节地点：1900 年左右的维也纳，城堡剧院。

人物：爱德华·冯·T.（65 岁），著名演员；约翰·C.（20 岁），年轻演员。

场景：小型排练台，光线昏暗。爱德华情绪低落。他忘记了他的台词。偏偏是现在。明天是首演，他是主角。背景中约翰穿过舞台。这位老演员向他招手。

爱德华："今晚我忘了我的台词……"

约翰：（看着，没有回答。）

爱德华："……现在我们必须再排练一次。因为我忘记台词是因为你昨天没有好好听我说话。"

约翰："我，但是……"

爱德华："那我们就从头开始吧！"

（他们开始了，前几分钟很顺利，然后老演员卡壳了。）

爱德华："你又没有好好听我说话！"

约翰："不，我有，我听了。"

爱德华："但没有真正在听。我们休息一下吧。到我的更衣室去，那里有一个蛋糕。吃一块，放松一下。等你准备好了再回来。"

约翰：（点点头，一言不发地离开了。到了更衣室时，他感觉很不舒服。他的目光落在钉在墙上的照片上。老演员扮演的浮士德博士、华伦斯坦、智者纳旦。这都是过去的辉煌，但将来又会是什么样子呢？约翰拿起一块蛋糕，心里觉得十分温暖。他真的很喜欢这个老演员。他想要帮忙。他决定这样做，然后他回来了。）

爱德华："准备好了吗？"

约翰："我们开始吧！"

（他们开始了；又一次中断。）

爱德华："你没在听我说。"

约翰："不是，我有！"

爱德华：（摇头）"不，你没有。"

约翰：（几乎要哭了）"我有，这次真的听了！"

爱德华：（温和地）"你所谓的'听'，但那都不是'听'。倾听是完全不同的事情。如果你不明白倾听意味着什么，你就永远不会有大的作为。那么，你也将永远无法跻身最好的行列。"

约翰：（恳切地，转向老演员）"该死的，那倾听到底是什么意思呢？"

（出现短暂的沉默。）

爱德华：（竖起食指）“你看，现在你就在听我说话！”

约翰：（看起来很困惑。）

爱德华：“就在你对我做出反应的那一刻，当你问我倾听意味着什么时，你在倾听！你真的在好奇我会说什么。之前在我们的排练中你没有。你的参与只是在演戏。但就在刚才，你把我包括在内。你真的想知道一些事情，而且你相信我可以给你答案。这将我们两个联系在一起。你改变了态度。”

约翰：“责任感和同情心不足以让人倾听……”

爱德华：“说得对。倾听需要兴趣！”

约翰：（揉鼻子）“真正的兴趣是关键……”

爱德华：“正是如此。这体现在两个方面。首先，你需要对所涉及的问题、话题和内容有自身的兴趣。其次，你需要对与你交谈的人感兴趣。只有当你认为其他人在发表有价值的言论时，你才会听他们说。”

约翰：“真的在听！”

爱德华：（微笑）“只有倾听才是最重要的！”

改编自约翰·温莎·坎宁安（John Windsor-Cunningham）的《世界上最好的表演课》，特别感谢卡斯滕·温特（Carsten Wendt）的灵感启发！

鼓励转变视角

每一次专业交流都需要一个信息交叉点。如果两个人有不同的观点，而且根据他们各自的观点，信息完全不重叠，就不可避免地导致无法解决的冲突。只要两个参与者都不肯迈步（思想上），那么就不可能达成共识。

因此，在视角的转换中，我们应有意识地改变角色。之前被询问的人现在成为信息的接收者，之前接收信息的人现在成为信息发送者。信息发送者会遵循以下对话模式：

1. “我明白了……”
2. “我还不清楚……”
3. “我要补充……”

这种对话模式一方面是为了表明视角的转变，另一方面也是为了不攻击或质疑第一阶段的陈述。这种对话模式有助于认识和重视不同视角的存在。因为，套用古罗马帝国皇帝马可·奥勒留（拉丁语：Marcus Aurelius）的话：“我们看到的一切都是一个视角，不是真相。”这对于复杂的多维关系来说，尤其恰当。

此外，第一阶段的基本规则也适用于第二阶段，特别是不调整和不讨论。视角的转变可以而且应该反复进行几次。这不是一个简单的练习，特别是对领导和顾问来说，因为他们通常希望能快速得出结论（请参阅前文“切换到正确的思维模式”）。

第二阶段：转变视角

意图

揭示不同的“先验理解”，了解其他参与者的观点，从而获得新的见解。

基本规则

与第一阶段一样。

对话模式

1. “我明白了……”
2. “我还不清楚……”
3. “我要补充……”

鼓励聚合思维

观点的改变不仅能促进新的信息产生（分歧），还能创造一定程度的洞察力和促进相互理解（聚合）。在第二阶段，这一点仍然是隐含和模糊的。到第三阶段，我们希望深入把握融合的核心，并将其明确地记录下来。

为此，我们要切换到“封闭模式”。在这种模式下，我们取消了前两个阶段的基本规则。现在，我们正在努力争取相互协调，允许并希望进行建设性的讨论。在这一点上，建设性的意思是，我们努力进行限定，争取形成共识。但我们还是希望尽可能地避免对抗和辩解。如果做到这一点有困难，不妨使用“是的，而且……”这样的对话格式，会很有帮助。

与其他经常使用的“是的，但是……”相比，“是的，而且……”是建立在其他人的论点之上的。它具有建设性和形成性的效果，而这才是我们努力做出正确决定的目的。

聚合思维阶段可能是整个过程中最容易的。一方面，将信息汇集起来，直奔主题，正是管理者和领导者最擅长的做法——这是他们的管理工具；另一方面，最后一个阶段是前两个阶段的自然延续。

在一定程度上，“慢思考”会带来令人惊讶的“快结果”。理解就是从前两个阶段发展而来的——有时是在根本未曾预料的时候。从参与者脸上和姿势的明显放松，以及呈现出的满意表情中，我们可以觉察到这种达成理解的时刻。

“慢思考”是一种冷静的信息分析方式。

第三阶段：聚合思维

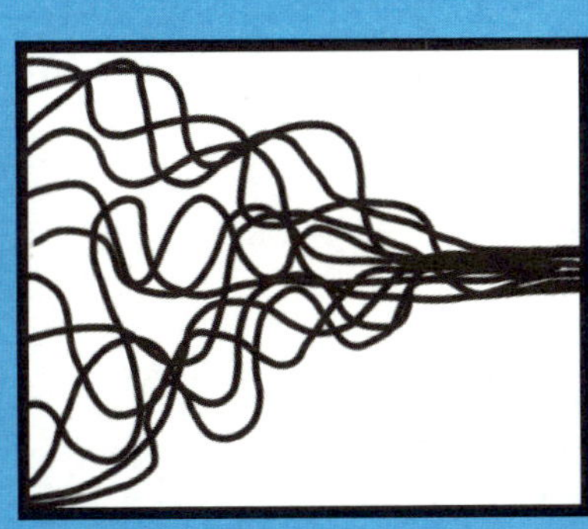

意图

达成共识！这意味着最终做出的决定是对人和对事都合适与恰当的，所有参与者都理解和接受的决定。

对话模式

“是的，而且……”

05 做出好的决定

有很多人，当我们与他们说正在写一本关于决策的书时，其反应相当激动。他们说“老板总是和我们一起做决定”或“我们现在都一起做决定”之类的话。他们用生动的例子来装点他们的表述，解释他们是否喜欢这样。

显然，许多人把“决策”与“做出决定”联系在一起。他们首先想到的是最后的“决定性时刻”，最后的“决定性会议”。通常很耗费时间的决策准备过程逐渐沦为背景。我们想要扭转这一看法！但在这之前，我们必须澄清一些普遍存在的思维误区。可能本节这区区几页的内容是不够的，但我们还是尽量尝试。

避免三个思维误区

误区 1：

决策者是按照组织结构图确定的

组织结构图是一种先入为主的分工结构，描述了一个组织的结构：部门、工作、职位及它们之间的关系（比如，报告述职关系）。这些结构是为现有的商业模式制定的，并设置了必要的且典型的雇佣关系，换句话说就是在例行公事。因此，只有典型的、常规的决策模式可以在组织结构图中进行描述。

然而，在 VUCA 时代，我们越来越多地面临着新的决策类型。“新”意味着它们是组织结构图所不能回答的决策。完全不能！如果我们如以前那般行事，不假思索地采用先入为主的决策结构，那么我们就会承担由错误的人来做决策的风险，即由那些因在组织结构图中的位置而成为“决策者”的人来决策。然而，他们是典型的决策承担者。他们负责现有商业模式下的熟悉的任务，而不是新型决策。他们是否同样具备做出新型决策的能力？甚至，他们有处理新事物的自由吗（除了习惯的任务）？通常他们并不具备这样的能力和自由。因此，我们之前所说的一点就很适用：忘掉决策承担者，取而代之，寻找新型决策的所有者，然后与他们一起明确决策过程中的各种角色。

提醒一下：如果决策从参与者的角度来看是新型的，那么其就是新型的。

灵感来自于尔根·托米切克（Jürgen Tomicek）

误区 2：

谁处于层级结构的顶端，谁就能决定

前面讨论的第一个思维误区适用于所有的组织结构，包括扁平化的组织结构。然而，层级森严的组织存在一个更严重的误区。这里有一个小故事。几年前，一位朋友从一家美国科技公司跳槽到一家欧洲电信巨头的董事会。在他开始工作的几个月后，我们问他情况如何。

“别问了，”他说，“每天我都有一堆会议，在这些会议上我都必须做出一个个非常重大的决策。每次都会有一个由非常聪明的人组成的团队，他们向我展示他们已经准备了几个月的内容。而我需要在会上就决定项目是否要开展，如何开展，以及我们要为它分配什么样的预算，等等。请问这有什么根据吗？我是全知全能的吗？不，我当然不是，我就是个决策的小丑！”

这位朋友已经适应了新公司的情况与原来公司的不同。他主张的是要“有能力”并“适当地”做决定。但这样处理事情需要时间。新公司没给他这样的时间。“这就是我们这里工作的方式。”他被告知。没过多久，这位朋友就离开了这家公司。他的董事会同事对此并不理解。

> “真正的领导者都独自做决定。就像人猿泰山一样，他不会先成立一个工作组，然后再伸手去抓藤蔓。”
>
> ——伯恩德·斯特龙伯格（Bernd Stromberg）（电视角色）

误区 3：

“新工作”是层级结构的对立面

看过前面的故事，人们往往会说：“层级制度不人道——层级制度太恶劣了！”这样的想法很容易产生。同样，人们也会很快想到由此产生的需求：“所以我们需要没有层级制度的组织！”

“新工作”的倡导者们也一再表达这样的理念。根据这一理念，一个组织的设计应该“告别理性的绩效，专注于发展个人的潜力”。在此过程中，“自主决定的行动应排在首位”。

这样的表述很流行，但也似是而非：一方面，它们很受欢迎（更多的潜力发展和自主决定）；另一方面，这种不切实际的非黑即白的思维也是极其危险的。毕竟，要在实践中始终满足这一要求会是什么样子呢？比如，“把发展每个人的潜力放在首位”的决策过程会是什么样子的呢？

这是否会导致每个人都要做出决策？一个重要的决策是否应该等到最后一个人对相应的问题也深入了解了才能做出，还是到每个人都可以自由选择是否、何时及在哪个问题上做决定为止？

> 人的自由不在于可以做自己想做的事，
> 而在于不必做不想做的事。
>
> ——［法］让 - 雅克·卢梭

我们相信，这样的想法对“新工作”是有害的。企业绝不能因为面临竞争而放弃“理性的绩效思维”。决策必须灵活，但也要有严密的组织。最重要的是，决策必须由熟悉决策主题并深入参与其中的人做出。这样的人很少会是“所有人”，也很少是“老板”。相反，企业必须根据每个新型决策的具体情况，寻找和商定决策过程中的各个角色。我们已经阐述过如何通过我们的“决策帽”模型高效地完成这项工作。这是我们对“新工作”的贡献。它是一种既不僵化也非源于（层级）组织的合作模式。同时，它是理性的和以绩效为导向的。

灵感来自加里·拉尔森（Gary Larson）

决定谁来决策以及如何决策

要做出的决定是决策过程的终点。但是，在决策过程开始时，决策所有者应明确做出决策的程序。保证这一点是决策所有者的责任。

作为所有者，你应该回答的第一个问题是你是否想要自己做决定。如果回答是肯定的，就还有一个后续问题：你是想独自做决定还是与他人一起？

以下考虑事项可以帮助你回答这些问题。

1. 这件事对你个人而言有多重要？

2. 你需要投入多少时间来处理这个问题——你有这个时间吗？

3. 如果你想，你能否自行决定这个问题：是否有任何事实或形式上的限制，迫使或建议由其他人来做决定？

4. 有了决定之后，你应该怎么做？关键词：执行决定！独自决定是否有帮助，还是将决定权分担给几个人更好？

如果你写下这些问题的答案，并在旁边写下为什么答案是这样的，你就可以激活“慢思考”（参见前文“反思你的假设”）。通常我们在这些方面会经历“快思考”。管理者有时会认为他们必须独自做决定，因为这是“他们的角色”要求的。或者有时人们在心理上将集体决策等同于“草根民主”。又或者还有一个普遍的假设，即仅仅因为一项决策是和其他人一起准备的，所以所有决策也必须集体做出。

这些想法都不是自发的。因此，你应该把自己从这些情况中解放出来，客观公正地思考你的角色：作为所有者，你是否也想戴上“决策帽”——还有谁应该戴上它？

下一页的示意图直观地展示了从“我决策”到“我们决策”再到“其他人决策”的过程。

你可以从中间开始阅读这个模型。按照模型，从团体中平等的且完全一致的决定（共识）开始，沿相反的两个方向各有三个阶段。不同方向描述了你对决策影响的增加或减少。

选择最适合你所要推进的事项的决策模式！

在下面几页中，我们将更详细地解释“我们决策”的不同变体。

谁来决策……以及如何决策？

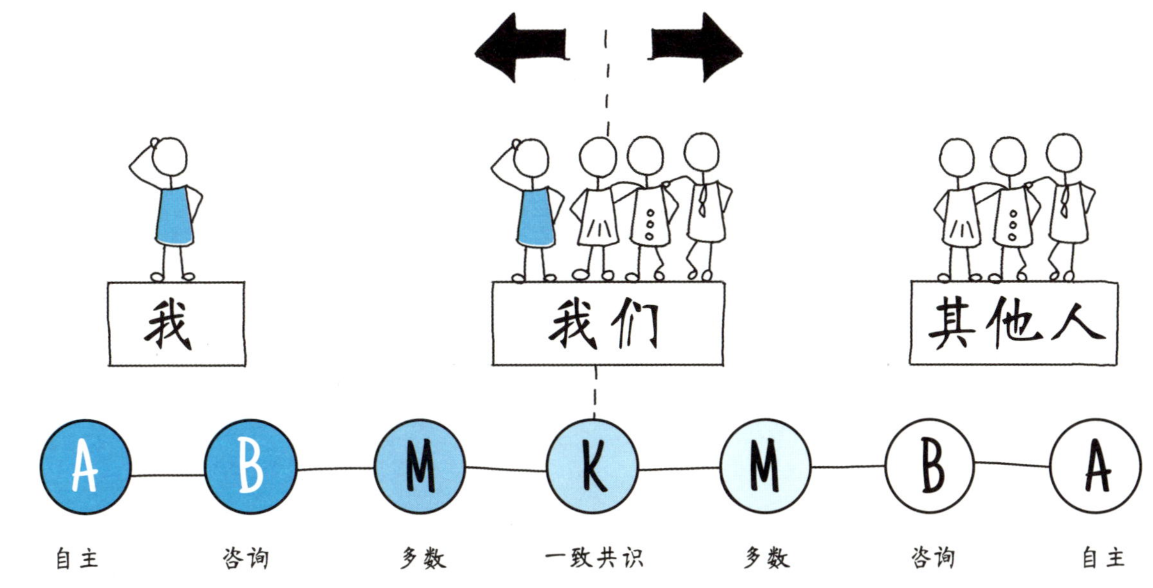

自主	咨询	多数	一致共识	多数	咨询	自主
我完全自己做出决策（基于决策依据）。	我自己做出决策，但要咨询其他人，他们为我的决策提供建议。	我们作为一个群体做出决策；但是，我享有某些特别权利。	所有被提名的决策者都积极同意！	我们作为一个群体做出决策；而我没有任何特别权利。	我任命其他决策者，他们在做出决策前会咨询我。	其他人完全独立决策。作为决策所有者，我在之后会被告知。

“我们决策”——究竟是什么意思！

同意的程度

一致共识

如果所有的决策者都积极同意（即100%），则可以表决。

协商一致

只要没有一个决策者提出合理的反对理由，则可以表决。

合格多数

如果表示同意的决策者超过了规定比例（比如，2/3的决策者，前提是他们代表至少50%的员工），则可以表决。

绝对多数

如果同意票数超过所有其他提案的总和（即>50%），则可以表决。

相对多数

如果一项提案获得的同意票数比其他任何提案各自的票数多，则该提案获得通过。

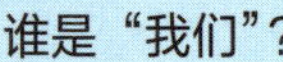

谁是“我们”？

“我们”，不是指所有人，仅包括那些戴着“决策帽”的人，即那些被提名为某一事项的“决策者”的人。

特别权利

在投票中可以有特别权利，比如

- 否决权（个人可以阻止多数表决）。
- 少数否决权（可以阻止表决的少数）。
- 多重投票权（一个人拥有两票或多票）。
- Primus inter pares（拉丁语：“同级中居首位者”，即如果出现平票则拥有双倍投票权）。

如何实现“敏捷”决策

方向性决策几乎总是跨学科的。这意味着，我们必须结合不同的观点和意图，这是事物的本质。

努力达成真正的“共识”可能会变成一个漫长而艰巨的过程。“协商一致”似乎更为可行，尤其是对于处于竞争中的公司。

协商一致是严格以事实为导向的。在协商一致中，好的论据会胜出。客观的异议并不是阻挠性的“否决”，而是对继续就某一事项开展工作的激励。如果没有足够的理由，就不会做出任何决策。如果一个决策太大而做不了，不妨把它分割为小的决策。

因此，协商一致可以让决策变得更好或更小，不然，它们就只能由于缺乏好的论据而无法付诸实施。这很有意义！这也意味着：如果从相关人员的角度来看，理由已经“足够”，就可以做出决策。“足够”意味着目标不是获得“超级知识”（参见前文“三种类型的知识”）和做出“最好的”决策。在一个复杂莫测、瞬息万变的世界中，“最好的”决策无论如何都是一种假象（或是短暂的）。

更有效的做法是在合理的时间内做出可以做出的决策，从而朝着期望的方向迈出有效的一步。结果将会获得新的知识理解，为下一个决策提供依据，触发下一个具体步骤。这个过程被称为“敏捷”。在“Over the Fence”上，我们为此提出了“80 天项目”的概念。适用于年度目标和长期战略的敏捷实现。在一个“80 天项目”中，参与者可以取得具体的成果，即将决策付诸实施。在项目期间获得的知识和新的挑战都可以记录在“决策积压”中（参见前文“编制决策的‘用户故事’”）。80 天后，对结果进行审查，并对积压的工作进行优先排序。然后，在 10 天内决定接下来应该开始哪个“80 天项目”。这里用的决策模型就是协商一致。

如此，一系列较小的项目就启动了，它们共同完成了一个大的任务。通过“80+10”天的方式，可以让项目与季度目标和 OKR（目标和关键结果）等目标模型同步。

决定告知对象以及如何告知

做出的决策本身不会改变任何事情。决策必须首先得到实施。这种“实施”可能在综合性和复杂性上会有不同。我们可以区分出三类行动范围的“实施”。

1. 自主实施 / 对人没有直接影响

所做的决定可以自行付诸行动。如果有实施效果，也只会间接地影响到人们的工作。比如，购买或出售大量股票（由首席财务官来做）、转换股票或类似的财务决策（以及某些法律决策）。

2. 自主实施 / 对人有直接影响

所做的决定可以自行付诸行动。然而，实施的效果会影响到人们的工作，即组织成员直接受到决策的影响。比如，将车队的汽车换成电动汽车，更换智能手机的供应商，以及新型工作设备的采购。

3. 合作实施

该决定不能由决策者或所有者单独执行，需要其他人的专业知识和参与才能将已经决定的“事项”变为现实。比如，进入一个新的市场，引入新型 IT 服务组织，流程的数字化，产品开发重组和类似的转型。

显然，对于第二类行动范围，有些人会因为决策“受到影响”。他们必须被告知该决策的后果。在这里，套用“搭顺风车”的公式就足够了：受影响的人应该理解决策的原因并接受后果。

对于第三类行动范围来说，这还不够！因为决策的质量取决于其执行的质量。比如，让我们假设有一个决定是否启动数字化项目的决策。那么它就不是一个完全基于理性事实的实验室里的决策。相反，这个项目是否成功以及需要多长时间，很大程度上取决于相关人员。但正是这些方面——资源和持续时间——在决策过程中又被用作信息。因此，整个事情是递归的：实施的决策的质量取决于决策的实施质量。

或者换一种说法：如果你让正确的人以正确的方式参与决策（即“慢思考”），那么他们不仅会理解已经做出的决定，而且会积极推动其实施。

对于需要合作实施的复杂决策，“搭顺风车”是不够的，而是要“积极地一起做”!

总结

>> 第二部分

“慢思考”从自己开始！

我们一直都在“快思考”。作为一个领导者，你能否成功地让别人在适当的时候慢下来思考主要取决于你。因为你自己首先必须停下来，反思你的假设，并切换到正确的思维模式。做到这一点的最好方法是建立新的常规。

“慢思考”使决策更加开放和敏捷。

一个好的决策需要一个好的决策过程。但是，只有当你克服了一些根深蒂固的自发的问题后，才能有好的决策效果。你想要快速行动，并不意味着你必须快速做出决定！你和别人一起准备一项决策，并不意味着你们必须一起做决定。如果是新类型的决策，那么，忘掉决策承担者！寻找决策的所有者，尽可能利用一切自由度：根据具体情况灵活地设计决策过程！

鼓励进行冷静的信息分析。

每个基于分工的决策过程都需要共享交流——专业知识、意见、信息。做到这一点最重要的手段是对话。与讨论不同的是，对话不是要坚持自己的论点，而是要与他人一起创造可能的最佳结果。“慢思考”的“打破模式”原则正是促进了这种以事和人为中心的做法。

可用的行之有效的做法。

“慢思考”的应用与决策、工作方式和组织文化一样，是多种多样的。尽管如此，有几种做法基本上总是很有效。对假设的自我反省就是其中之一，研讨会中合作的三个阶段也是如此。基本上对于任何类型的研讨会，你都可以使用三阶段模型及其规则来使其“慢思考”。在本书的第三部分中你将详细了解它到底是如何运作的。

该方法的目的是共同解决这个问题。

接下来

>> 第三部分

第三部分

创造你自己的“慢思考”方法

在这一部分中，你将获得“元知识”。“元知识”能够让你以“慢思考”的方式设计任何管理方法。通过一些技巧，你可以让“旧瓶装新酒”，使一些众所周知的方法在关键时刻发挥奇效。

01 元（Meta）——关于方法的一点原理

方法论能力是一种元（Meta）能力。Meta在这里的意思是“在……之上”。换句话说，这是一种能力之上的能力。方法论能力并不直接解决问题，而是获得解决问题所需能力（包括知识、技能、技巧）的能力。当然，这不仅适用于解决问题，也适用于获取机会。

为了掌握方法论能力，人们需要了解一些基本背景。这些背景将在下一节中解释。在此基础上，我们将说明如何创造你自己的“慢思考”方法。我们将以著名的SWOT分析为例来说明这一点。你可以将这些解释应用于任何其他管理方法。如此，你可以将每种方法都设计成“慢思考”——如果你想要或需要。

什么是“方法”？

本书中多次使用了“方法”这个词。毕竟，本书讲述的是如何更好地领导、更好地决策及其相关方法。书中讲述的是我们如何以最佳的方式去创造我们所重视的事物。这种“如何去做”是任何方法的本质。因为方法不过是应对某些挑战的一种有根有据的行动做法。方法论知识或方法论能力在今天比以往任何时候都更加重要。因为方法论能力远不止是一个储备充足的“工具箱”。最重要的是，方法论能力超越了人们对“最佳做法”的期望。“最佳做法”是指一种普遍的成功方法，一种优于任何其他方法的程序——这种想法始终无处不在。这样的要以公式化的方式来运用的标准方法，可能从来不曾正常实施过。如今，在VUCA的时代，它们更是没有了用武之地。因为这正是变幻莫测的本质：行为是不可预测的，结果是非线性的，相同的输入产生不同的输出，我们只有在事后才知道原因。

如果你想了解方法，那么必须首先了解价值、原则、工具和程序的相互作用。对此，下一页的示意图可以进行说明。接下来的几页还会有更详细的解释。

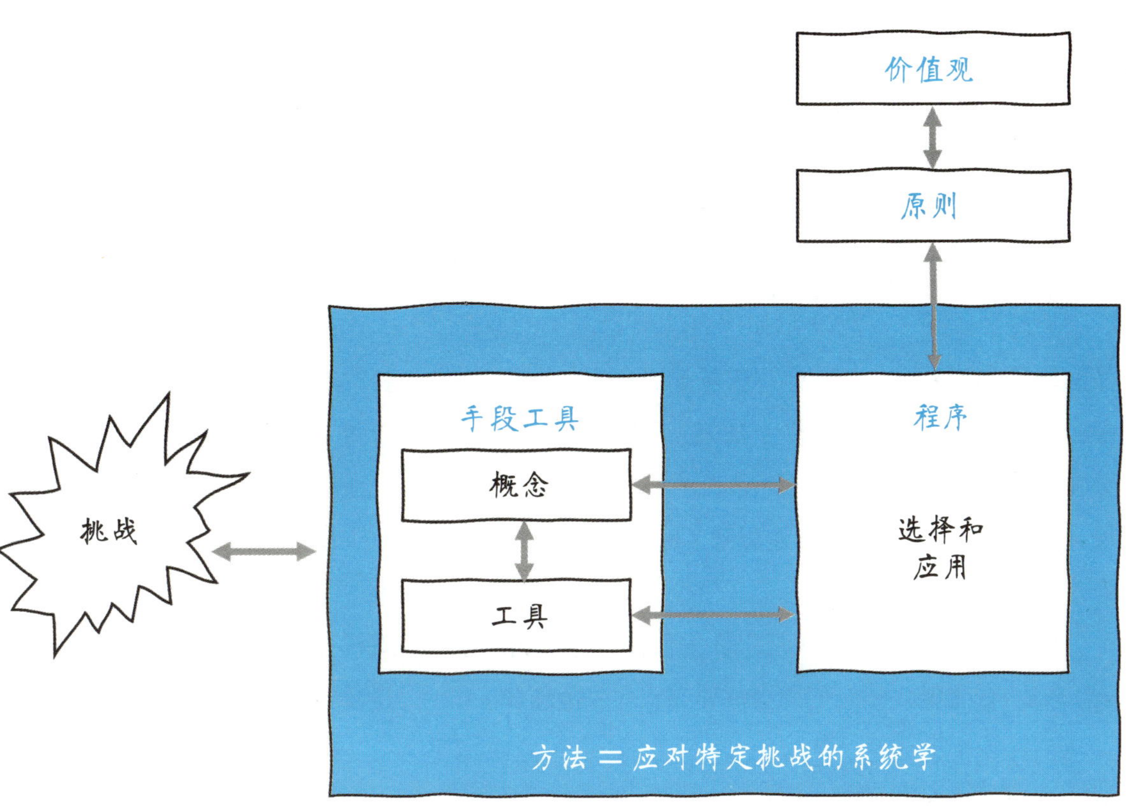

下一页 →
组成部分及其相互关系的解释

原则和价值观

“原则”是一种基本规则、一种行为准则，是行动的准绳。原则有助于推进被认为是正确的“价值观”。

在这本书中，我们想要提倡的价值观是在产品、服务和变革的设计中的“对事合理”和“对人合理”。这就是本书的前提：它是为那些真正想设计创造的人而写的！我们想要为抱着这种心态的人提供助力。

从我们的“慢思考宣言”（见第一部分）开始，我们在本书的不同地方都制定了“慢思考”的价值和原则，重点是制定了良好的决策过程。

决策过程是我们在本书中关注的应用场合。良好的决策过程也基于某些原则——这些原则的一部分是独立于“慢思考”的原则的。

下一页的示意图说明了价值观和原则的系统。系统最终呈现的是有助于实施原则和价值观的具体方法。这些方法的数量是无限的。在本节的其余部分，我们将展示如何将“慢思考”的原则应用于相关场景。

以下是关于示意图的说明：

“慢思考”的原则

1. 不要相信你所以为的一切！（反思你的假设，有意识地将它们归为需要克服的先验理解。）

2. 采取“我不知道”的基本态度。（打败你的“没耐心”怪兽，不要急于下结论。）

3. 找出你至少应该知道的！（小心“蚂蚁知识”和“超级知识”。）

4. 与其让意外找上你，不如自己去找寻意外！（勇敢而开放地面对 VUCA 时代的新事物。）

5. 只有改变你的环境，才能实现改变！（建立新的常规——“慢思考”的常规。）

6. 从参与者的角度来衡量项目的新型程度。（如果一个项目被认为是“新型的”，则应使用“慢思考”的方法。）

良好决策过程的原则

A. 所有者原则：没有所有者就没有决策过程。（只有所有者知道决策的目的和需求。）

B. 误解原则：每个跨学科的决策都是从误解开始的。为此，决策参与者要达成共识。（从决策的需求开始。）

C. 不确定性原则：每个决策都充满了不确定性。要区分真正的不确定性（你无能为力）与单纯的无知（你可以努力）。

……（如本书第一部分所述）。

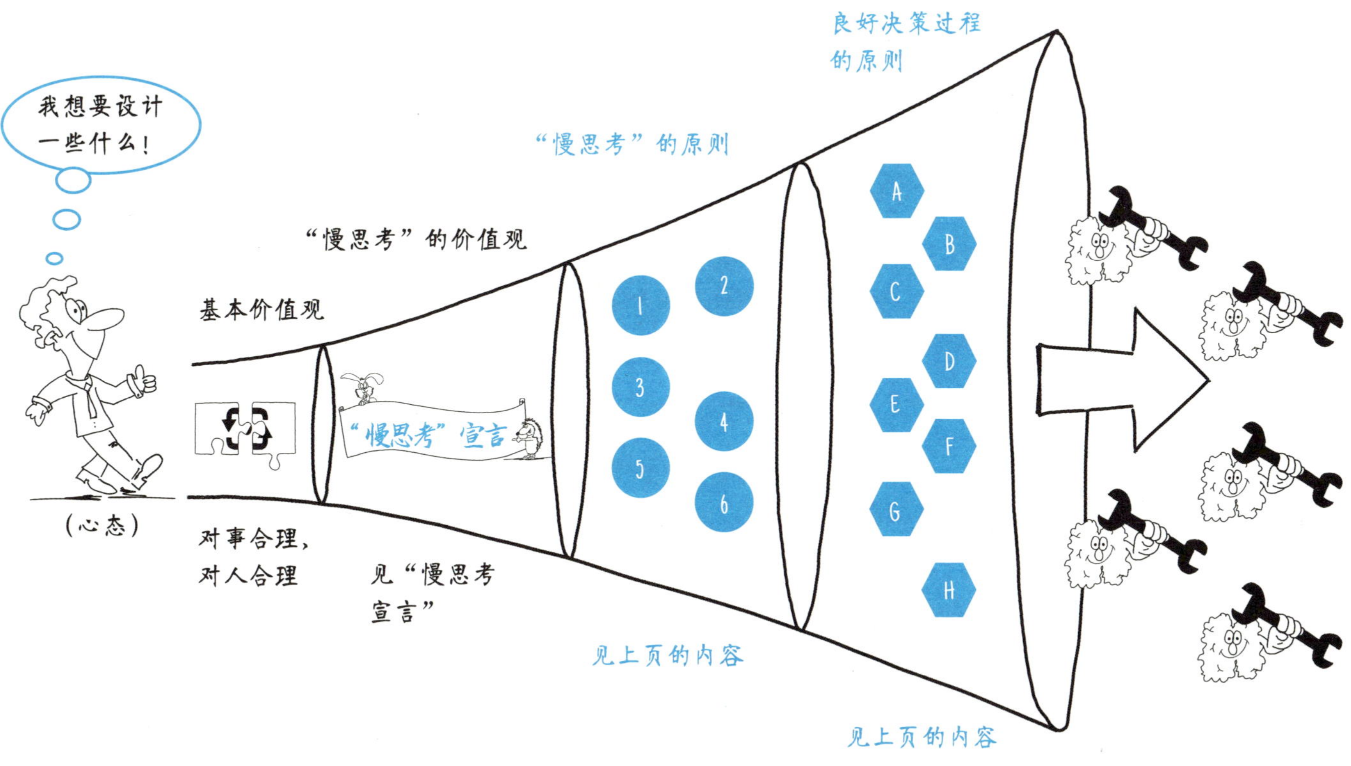

灵感来自于尔根·阿佩洛（Jürgen Appelo）

手段工具

方法、辅助、技术、实践、概念、程序、手段、工具……在日常商业生活中，诸如此类的术语经常会互换使用。概念上的模糊往往伴随着思维的同样模糊。但我们是否能准确称呼事物并不那么重要。重要的是，我们要将两件事严格分开：

（1）（心理）概念

（2）（物质）工具

一种管理工具总是由两方面组成：概念和工具。每个单独的部分在一定程度上都决定了程序（见下页）。

概念也称技术，由规则、符号、句法和语义（如何组合和解释它们的顺序）组成。

举个例子：皮尼厄与奥斯特瓦德（Pigneur & Osterwalder）提出的著名的“商业模式画布”是对“商业模式”的视觉解构，分为九大要素：客户细分、价值主张、渠道、客户关系、收入来源、关键资源、关键活动、关键合作伙伴和成本结构。这是第一个重要的（心理）概念：正好由九个部分组成（不是八个或十个，也不是任何其他的）。

但这一概念并不止于此。这九个部分构成了一个图形模型。它们被绘制成矩形并以对称的输入—输出逻辑排列。在每个组成部分中都包含了有助于描述商业模式的各个方面的一些问题。这就是“商业模式画布”的概念！

物质形式，即工具，是独立于此的。比如，画布可以放大尺寸打印在纸上，并挂在工作间的墙上。它也可以展示在 PPT 上，并使用 MS Teams（或其他软件）在虚拟工作区共享。显然，工具改变了概念的应用方式。或者作为好消息来说：一个概念可以在不同的媒体中使用，包括线上的和线下的。但是，你必须了解一些东西，不仅要了解（管理）概念，还要了解（IT）工具。方法论能力总是需要关于概念的知识和关于（最新的）工具的知识。

这方面的例子数以百计。它们都清楚地说明了我们分开思考概念和工具的重要性——并根据情况适当地将它们结合起来。

卡普兰的“工具法则”指出了这有多么困难。它描述了这样一种观察结果：人们倾向于反复使用他们非常熟悉的工具，即便有更好的工具可用。

程序

程序是将概念与特定工具一起使用的过程或流程。所选择的概念—工具组合决定了部分程序（通过概念的句法和语义以及具体工具的属性）。除此之外，你也可以在流程设计中有一些自由度。换句话说，你可以以不同的方式使用一种工具（即具体的概念—工具组合）。

我们将再次以“商业模式画布”的例子说明这一点。比如，这里就有一个问题：应该先填哪个要素，然后再填哪个要素？总共有 326880 种排列方式来完成商业模式画布的九个部分。你的排列方式是哪一种呢？

还有一些问题：商业模式的“思考”究竟应该如何进行？收集和评估信息的规则是什么？人们应该如何相互交谈（比如对话、辩论、讨论）？这些问题很重要，它们的答案与所选的概念和工具无关。相反，这个程序取决于你想要提倡的价值观。

下面是一个思想实验：假设你是一个公司的创始人，并且还有三位联合创始人。你们想设计你们的商业模式。为此，你们决定在一个联合研讨会上使用“商业模式画布”。

程序变体 1:

你接管研讨会的准备工作。为此，你需要自己提前考虑好“商业模式画布”并仔细填写。在研讨会上，你向其他人展示你的成果并进行讨论。

程序变体 2:

你们都提前在安静的小房间里回答了“商业模式画布”上的问题。然后你们参加研讨会，在会上协调你们的想法。

程序变体 3:

没有人准备任何东西。在联合研讨会上，你们站在“商业模式画布”前，讨论你们想到的问题。

程序变体 4:

你们按照“慢思考”的三个阶段在直接合作中进行研讨，遵守相关的原则。

在程序变体 1 和程序变体 2 中，你激发了“快思考”，使自己和其他人陷入选择性感知。程序变体 3 是非系统性的，并且存在层级结构和不受欢迎的对话动态扩散的风险。只有在程序变体 4 中，你才能实现冷静、客观、平等地对话——从而得到既高效又有成效的结果。

02 如何设计工具

无论是“帕累托分析”“石川图”“FMEA”“PICK 图表”“SIPOC”“ABC 分析”，还是“风险矩阵”，每一种管理工具都以处理信息的质量为生命。如果在通常的“快思考”模式下使用这些工具，则会存在以不合需求的方式过滤信息的风险——过多、过于频繁和完全错误的信息。

“废话进去——废话出来”可谓恰如其分地描述了这种情况。它总结了我们想要不惜一切代价避免的情况。在本节中，我们将说明你可以做些什么。首先，你必须在合作的准备阶段花一些时间。不要太多，但可能也要 1~2 个小时。好消息是，你投入了一些时间，准备了这样一个用于“慢思考”的管理工具之后，你就可以反复使用它——一劳永逸。

最重要的是“打破模式的语言”

商业世界充满了刺激性词语。刺激性词语是使我们情绪化并引发反射性联想的术语。

敏捷、精益和新工作等流行词汇，以及战略、风险或成熟度等传统管理术语都包括在其中。这样的“流行词”有成千上万个。你可以用它们玩有趣的宾果（Bingo）游戏，互联网上到处都是。

但刺激性词语只刺激了一件事，那就是我们的“快思考”！它们是陈词滥调，是听了太多遍的公式，是空洞的概念。刺激性词语并不能唤醒我们。还记得之前我们大脑中那个一直打瞌睡的主编吗？（见前文“我们的感知如何运作”。）这一次他终于陷入了沉睡。

如果我们想唤醒主编，促进“慢思考”，那么就应该避免使用刺激性词语。因为“慢思考”是一种停顿、一种犹豫和一种驻足。换句话说，这是一个“思维回环”，我们可以在其中有意识地集中行动。为了进入这种富有成效的思维回环，我们应该打破常规商业语言的模式。我们需要以其他术语取而代之，即能引发“慢思考”的语言绊脚石工具。

有一个非常有效的绊脚石工具，也许有点出人意料，那就是自然语言！

我们将以 SWOT 分析为例，在接下来的几页中分步进行说明。

工作领域的许多概念都是刺激性词语。如果它们遇到的是一个经验丰富的商业大脑，那么这个大脑会更加垂涎三尺、跃跃欲试。于是，它跑了起来，思考起自己的部分。通常它不会跑在正确的方向上，思考的也通常不是其他人思考的部分。至少对于我们衡量为新型的所有方向性决策来说，情况会是这样。那么，我们应该避免使用通常的刺激性词语，而是使用有助于我们“慢思考”的语言。

拟定“慢思考”的问题

如果你想准备一个传统的管理工具，比如 SWOT 分析，用于“慢思考”，那么会涉及三个步骤：

（1）提出问题

（2）制作问题卡

（3）以视觉形式展示

其中，只有第一步具有挑战性，其他两步很快就能完成。因此，让我们从最难的部分开始，即提出问题。将“提出问题”放在 SWOT 分析的第一阶段，即信息收集阶段，会是什么样子？

－“优势”（S）是什么？

－“劣势”（W）是什么？

－“机会”（O）是什么？

－“威胁”（T）是什么？

这些问题在内容上并没有错。只不过它们会与“打破模式”的原则相悖，因为所有这些概念都是刺激性词语。SWOT 的名称正是来自这四个关键词。这是该工具如此受欢迎的原因。遗憾的是，也正是这一点会将我们引向“快思考”，包括本书第一部分中所概述的思维错误和感知扭曲。

如果要激发“慢思考”，我们需要在问题上投入更多的精力——我们需要提出真正让我们思考的问题。你必须感觉到我们大脑的齿轮在运转。我们在拟定问题时应牢记以下基本规则来实现这一点：

－只提开放性问题。

－使用自然语言，没有外来语。

－避免使用流行语和时髦词，可以用对它们的解读 / 解释来代替。

－完全避免使用商业和技术方面的术语，如不可避免，也要对其进行解释。

SWOT 问题

尝试自己来模拟一下 SWOT 问题！要考虑到四条基本规则。完成后，问问自己：一个 12 岁的孩子（右边的女孩）会如何理解你的问题？这是否符合你想要达到的理解程度？

在 15 分钟内写下你的答案。

说明：
如果你真的做了这个练习，你可以在下一页把你的问题和我们的问题进行比较。

一个 12 岁的孩子会如何理解你的问题？

制作问题卡

以下陈述引自我们使用问题卡的研讨会，以下三句话总结了这种问题卡的用处：

- “问题卡使我们能够保持专注和自律。”（非政府组织部门经理）
- “对我来说，回答问题要比平时容易多了。因为一切有了准备，我知道没有人是在现编，试图蒙骗我。”（化工公司董事会成员）
- “这些问题不一定是新问题，但会让你以新的方式思考。”（企业家）

所以，我们建议把问题写在卡片上。右边是我们对 SWOT 分析中信息收集的问题卡的建议。

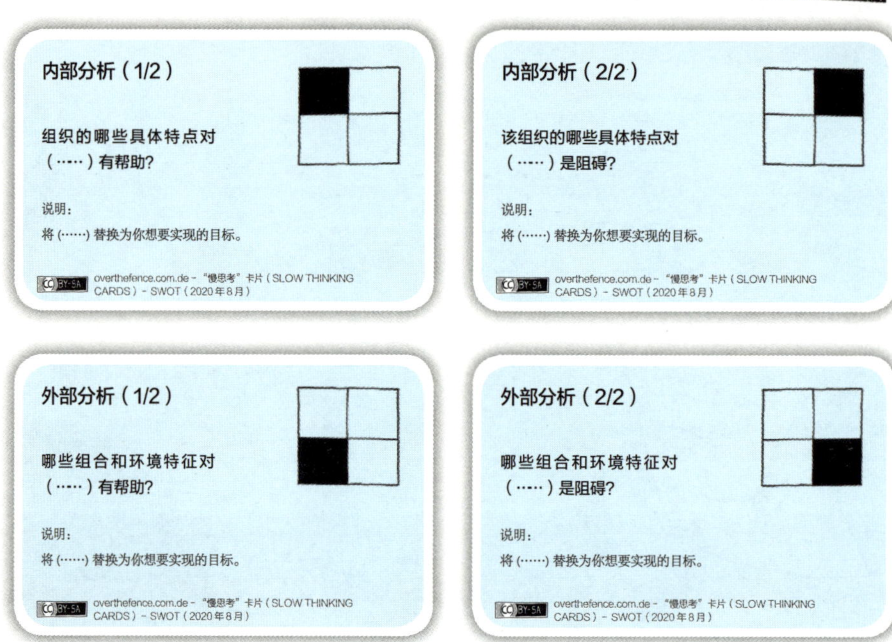

小建议：数字工具

你可以制作问题卡并开发下一页的视觉形式，也可以获取电子版（请参阅“资料来源”）。两者都可以作为打印模板，或者你也可以使用电子版组织在线研讨会。

以视觉形式展示

SWOT 分析的概念包括视觉形式：众所周知的四个象限。大多数管理概念也都有一个视觉形式，无论是象限、集群、维度、路径还是其他。比如，石川图中著名的鱼骨图。

基本上，你可以保留现有的管理概念的图形形式。它们可以用来整理收集到的信息并记录结果。

但是，你需要确保视觉形式与问题卡相匹配。因此，你应该相应地调整其中的文本元素以适应视觉形式。以 SWOT 分析图为例，你可以省略 S/W/O/T 这四个刺激性词语（请参阅右侧的建议）。是否将问题以视觉形式展示出来，取决于研讨会的目标和程序。这是下一节的主题。

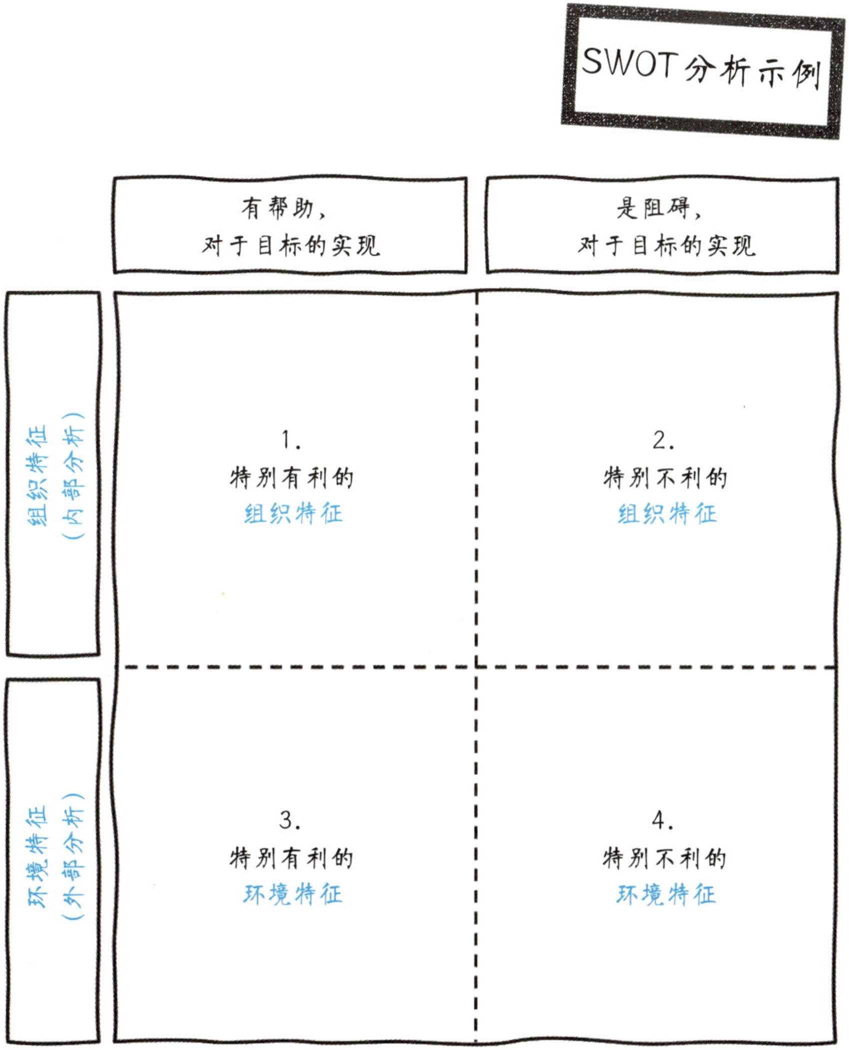

SWOT 分析示例

	有帮助，对于目标的实现	是阻碍，对于目标的实现
组织特征（内部分析）	1. 特别有利的组织特征	2. 特别不利的组织特征
环境特征（外部分析）	3. 特别有利的环境特征	4. 特别不利的环境特征

03 如何设计流程

自“Over the Fence”成立以来，我们已经领导和参与了近两百个研讨会。它们的范围包括从数百万项目的启动会议到与企业家的创新会议，以及各种规划和发展研讨会。在这个过程中，我们与几百人进行了交谈——他们的目标、专业知识和气质秉性都非常不同。

所选择的研讨会过程也根据不同的情况而异。最终，出现了几种有用的讨论形式——针对不同的小组规模和目标。

其中两种对话形式——“思考者三人组”和“思考者委员会”——将在以下几页中详细介绍。这两种对话形式都特别适用于那些想在关键时刻确保自己被正确理解或很好地理解他人的领导者。

优秀领导者的两种对话形式

“领导者”最恰当的意思就是“负责任的引导”。肩负领导责任的人常面临两大挑战。

第一个挑战是他们负责委派，也就是说，他们向其他人下达命令，做他们认为重要的事情。如果这个“重要的事情”是新型的和复杂的，那么委派就会成为一件棘手的事情。比如，对于战略项目的申报说明或其他方向性转型的委托分派。

有一种对话形式可以帮助每位领导者解释他们的观点，那就是“思考者三人组”。它还可以使决策委托者（决策所有者）在对项目的初步了解中发现自己的盲点，从而提高委派的质量。最后，参与者可以确定他们达成共识。

第二个挑战涉及的方向与第一个挑战相反：收集信息以指导进一步的行动。如

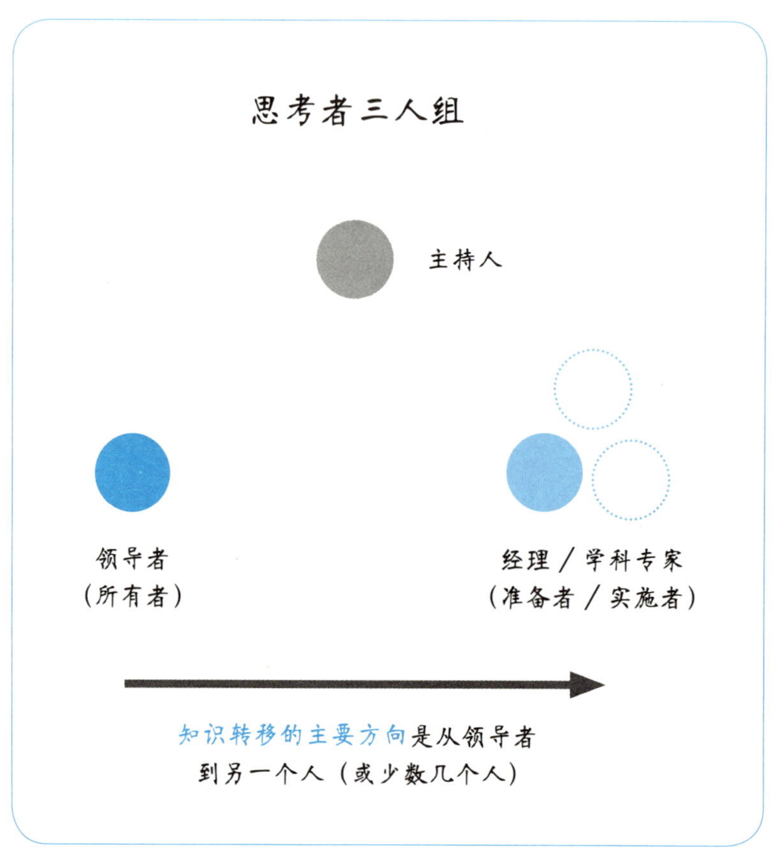

果我们从个人对话中获得了这些信息，那么接收到的信息总是不完整的，并且带有倾向性。因为每一个方向性的决策都是跨学科的问题，不同学科的专家有各种不同的好的论点。我们在本书的第一部分已经谈到了分工的这种影响。

因此，获得跨学科的观点和信息，不在于“正确”或“错误”，而更多是关于认识到联系、矛盾和偏好的问题。实现这种认识的一种讨论形式是“思考者委员会”。它使领导者能够了解所有好的论点，然后对它们进行权衡。此外，这种讨论形式还具有另一个积极的效果：（来自不同学科的）专家们也可以了解其他人的观点和论点。这使决策对每个人来说都是透明的和可信的。

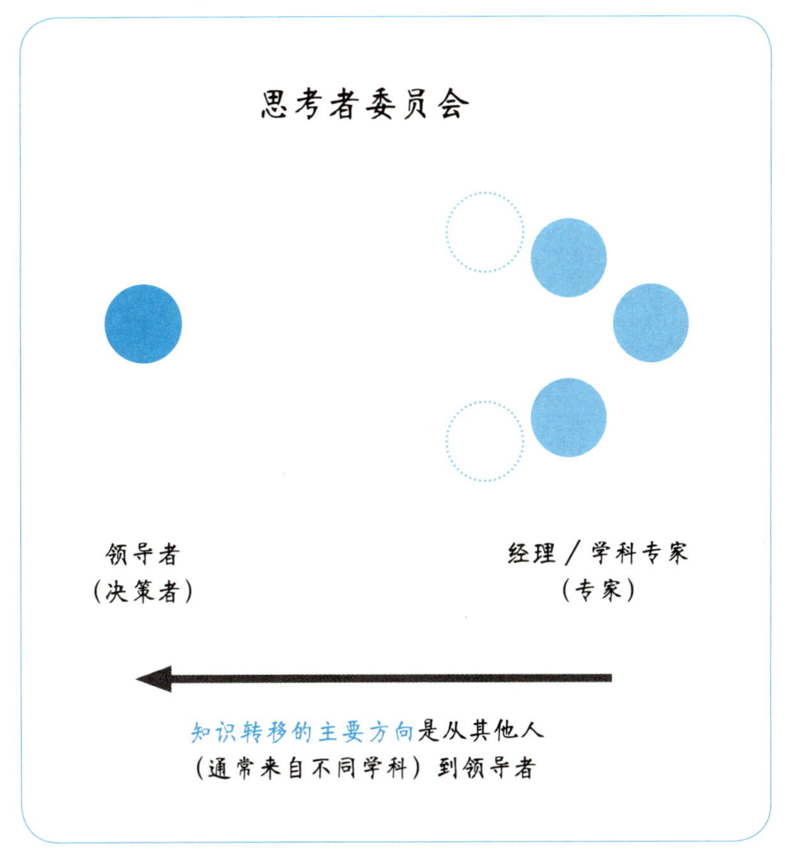

研讨会如何运作

“思考者三人组”和“思考者委员会”主要应用于研讨会。事实证明，以下经验法则对研讨会的程序很有用。

- 流程：每个研讨会以开场介绍开始，以总结陈词结束。重点是关于所讨论问题的实际工作。流程分三个步骤进行：开始、中间、结束。这个顺序与研讨会中的“慢思考”阶段相对应。

- 对话：每个研讨会都是为了在平等的基础上进行冷静的对话，避免耗时和无效的讨论。这是通过“打破模式”的问题和严格的沟通规则来实现的。

- 敏捷性：“慢思考”研讨会可在短时间内取得成果。为了确保这一点，整个研讨会以及每个单独的部分都遵循敏捷的做法。比如，“时间框限”（Timeboxing），即有约束力的时间限制，包括结果审查和重复反馈（迭代）。

- 持续时间：“慢思考”是相当累人的。因此，这样的研讨会通常不要超过 90 分钟。研讨会结束后，所有参与者都会知道他们要如何继续处理会上讨论的问题。

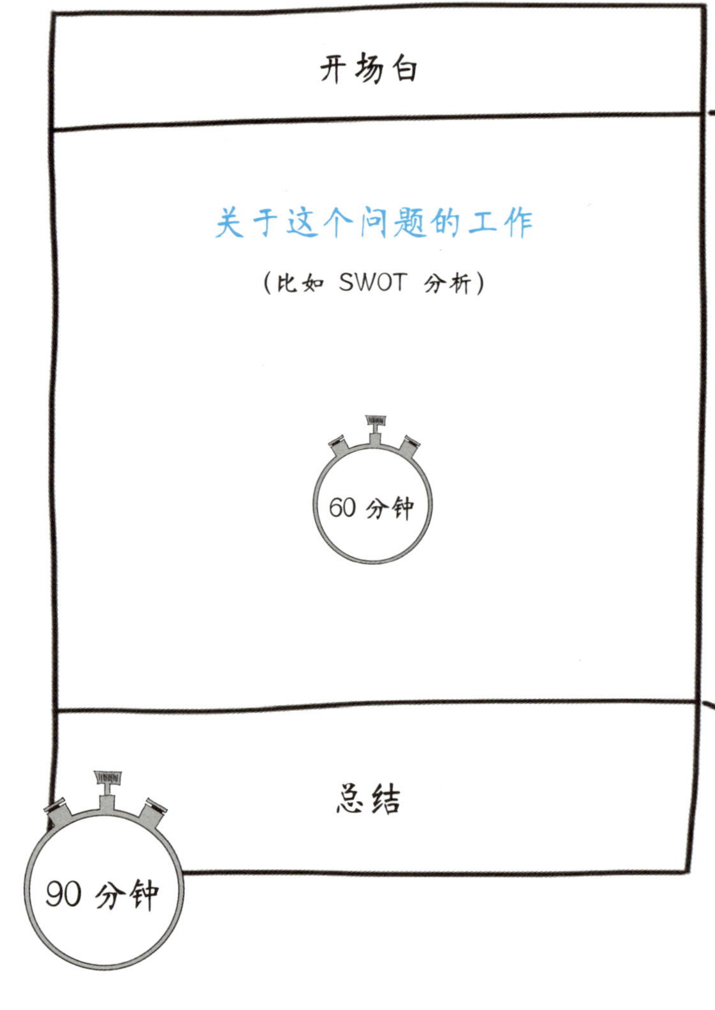

普遍议程

开始

询问和记录

✓ 了解研讨会的目标、角色分配和原则。

✓ 各种形式的相关信息均已收集。

中间

可视化和理解

✓ 相关人员已认识到自己的盲点和先验理解的差异。每个参与者都理解了其他人的观点。

✓ 矛盾和分歧已消除，缺失的信息也已补充。参与者形成了一个共同印象。

结束

重新思考和修改

✓ 最终评价：共同的理解和取得的成果是否足够？

思考者三人组

SWOT 分析示例

思考者三人组

15'	开场介绍
	进行过程中的 SWOT 分析
20'	开始 提出问题并收集参与者回答的内容
20'	中间 交流观点，达成共识
20'	结束 反思和改进共识
15'	总结陈词

目的

关键人物需要在关键时刻相互理解。一个人或几个人的知识需要探究或传递。

参与人数

3 人（可扩展至 5 人）

持续时间

90 分钟（最多 120 分钟）

工具 / 材料

见第三部分“如何设计工具”

- 概念的视觉形式（比如 SWOT 分析）
- 合适的问题卡
- 便签
- 铅笔

开场介绍

介绍参与者

在“开场介绍”中，你作为主持人要向参与者具体表述这个研讨会的目标和流程。我们建议解决以下五点问题。

1 研讨会的目标确定

开场时，你需要先说明研讨会的意图。以“SWOT 分析研讨会”为例，你可以这样表述：“目标是弄清哪些方面对进一步战略规划有影响。为此，我们想观察一下我们自己的公司和环境因素。在研讨会结束时，我们希望对情况有一个共同的认识（无论具体是什么情况），并明确下一步的行动。”

小建议

尽可能避免提及“SWOT 分析”一词，因为这会激发“快思考”，而这正是你想要避免的。

2 概念与材料

首先，你必须加以区分：你是使用参与者熟悉的概念（如 SWOT 分析），还是使用参与者尚未熟悉的新概念（如“解放性结构”等概念）？如果是未知的概念，你应该简单介绍一下，并说明你选择的理由。如果是众所周知的概念，最好什么都不提。

其次，你用的是什么工具？是否每个人都熟悉，还是大家都不太熟悉（比如，在虚拟研讨会中，使用创新的软件工具）？在开始研讨之前，你应该先介绍一下参与者不熟悉的工具，甚至还可以先一起练习。在下文中，我们假设进行的是一个面对面的研讨会。

3 程序的原则

介绍普遍的议程，并阐明该程序将促进“基于事实的信息分析，分为三个阶段”（开始、中间、结束）。如有必要，解释“时间框限”的原则。请参与者遵循以下准则，这些准则有助于快速、冷静地进入主题：

- 不要反问和讨论：“在评估个别事情之前，我们希望先认识到个别方面并了解整体情况。”
- 开放性问题：“这些卡片上的问题将对我们很有帮助（你可以把问题卡举在空中一会儿）。我们应有意保持这些问题的开放性，以便为所有的想法提供自由空间，而不是预设任何答案。”

4 角色和任务

解释“思考者三人组”的三个角色：

- 提问者（F）
- 回答者（A）
- 记录者（S）

需要被收集知识的人承担回答者（A）的角色（在“SWOT分析”中，这可能是需要被收集观点的经理或其他管理人员）。需要首先获得信息的人承担记录者（S）的角色，比如负责战略规划的项目经理。提问者（F）的角色由第三人承担，比如项目成员或外部主持人。

5 空间定位

记录者（S）站在空白的SWOT分析矩阵的打印稿（视觉形式）前，手头准备好笔和便签。受访者或回答者（A）站在较远处。提问者（F）站在回答者（A）对面，手里拿着问题卡。

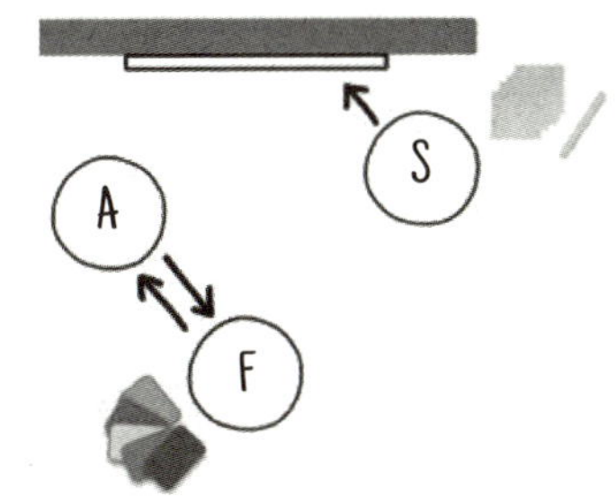

注意：可能会有兼任角色；但是，至少记录者（S）的人数要和回答者（A）的人数一样，否则记录起来会很累。

进行过程

本节将阐述“‘慢思考’的三个阶段”在研讨会上的具体应用。

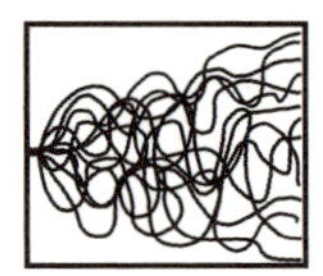

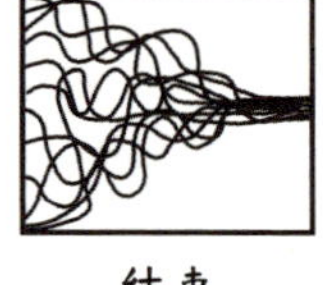

开始　　中间　　结束

1 开始：询问和记录

提问者（F）按问题卡上的问题一个接一个地提问。回答者（A）进行回答。在后方，记录者（S）默默地将他所理解的内容写在便签上，并贴到视觉形式上。每个答案都写在单独的便签上。右下方的示意图说明了这一过程。

在使用问题卡时，以下方法被证明是有用的：

- 问题卡的内容和结构必须符合视觉形式的逻辑。
- 提问者（F）应该给记录者（S）指明方向。比如，在SWOT分析中，提问者（F）可能会说：“我们现在看的是第一块区域。”在视觉形式上，四个象限应该相应地进行编号。如前所述，应避免使用“优势”“劣势”等术语，因为它们往往会引起“快思考”。
- 提问者（F）应确保记录者（S）“跟得上”（必要时可以停顿一下）。提醒一下：在整个过程中，“不要反问”和“不要讨论”的规则都是适用的！

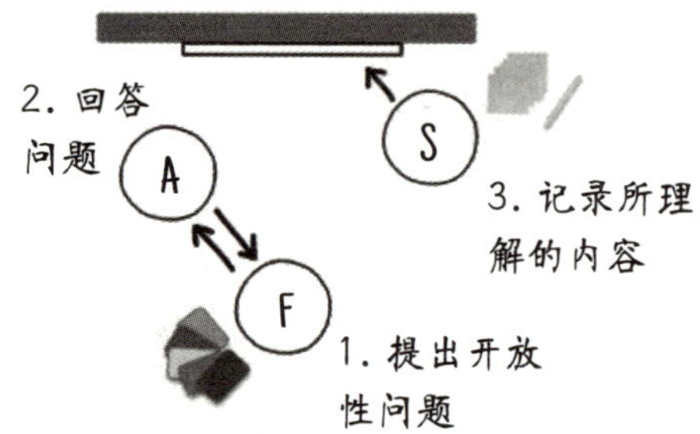

注意：这一步对应第一阶段的“发散思维”。

2 中间：可视化和理解

在回答完所有问题后，参与者转向 SWOT 分析矩阵打印稿（视觉形式）。因此，在 SWOT 分析中，他们应站在四象限的图像前。

现在这上面贴满了便签。记录者（S）一张一张地解释他/她所理解的内容（“我理解了……”）。这里的每张单独的便签都应按照有意义的顺序读出来。读完便签后，记录者（S）说出仍不清楚的地方（“我还不明白……”）和他/她认为应该补充的内容（“我想补充……”）。

先前的回答者（A，即领导者）静静地听着，并在必要时做笔记。所有便签都说完后，回答者（A）可以根据他/她的笔记，做出进一步的解释。

这种视角的转变可以进行多次——直到所有参与者都理解了对方的所有信息。在这一轮中，“不要反问”和“不要讨论”同样也很重要。下图说明了该过程。

注意：这一步对应第二阶段的“转变视角”。

3 结束：反思和改进

如果不希望进一步转变视角，那么这一轮就可以进行建设性的讨论。通过此前的步骤，先验理解和假设的差异已经被认识到，现在可以得到解决。一旦信息收集完成，就可以进行下一步了。比如，在 SWOT 分析中，可以思考两个内部象限对两个外部象限的影响。

注意：这一步对应第三阶段的“聚合思维”。

总结陈词

评估结果

归根结底，研讨会的目的是要找出共同理解的程度高低，以及参与者是否认为结果“足够满意”。一旦明确了这一点，大家就可以商定接下来的步骤——继续开研讨会或采取其他行动。

1 理解的质量

到目前为止，研讨会一直是头重脚轻的，我们只进行了集中的且慢慢的思考，现在是时候处理直觉了。首先，你可以弄清参与者是否认为他们马上就理解了这个主题：

- 准备一块白板，将其分成两栏。左边一栏的标题是：“我们有一个共同的理解。”（在 SWOT 分析中，此关于特定目标的优势、劣势、机会和威胁。）
- 给出以下说明：“理解并不意味着同意！”
- 让参与者在便签上写下他们对白板上的陈述的同意程度（0= 完全不同意；5= 完全同意）。
- 为了避免不必要的影响，你还是应该记住“不要反问”和“不要讨论”。

2 结果的质量

共同理解的程度可能很高，但这并不能说明参与者对研讨会成果的评价是“足够满意”还是“不满意”。

现在了解一下参与者对结果的评价如何：

- 为此，请在白板的右边一栏写上“我对结果是否足够满意”。
- 与之前一样，请参与者在便签纸上默默地写下他们对该陈述的同意程度，从 0 到 5。
- 现在请参与者一个接一个地把他们的第一张便签贴在白板上，并进行简单的解释（最多 1 分钟）。
- 然后让参与者以相同的步骤给出第二张便签，以此类推。
- 现在你已经从参与者的角度了解了研讨会结果的质量。下一页的示意图对此进行了说明。

“理解”某事并不自动表示“同意”这件事。
要进行“慢思考”，我们必须仔细将两者分开！

我们有一个共同的理解

我对结果是否足够满意

5

4

5

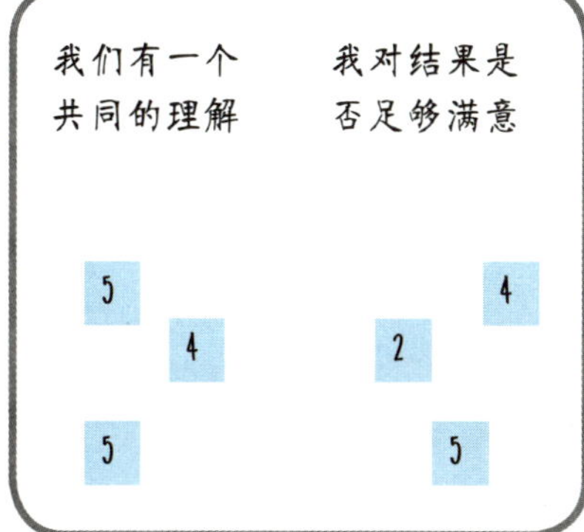

3 进一步的（思考）步骤

根据评估结果（见左图），现在参与者可以对进一步的行动做出决策。具体案例中的决策取决于主题、群体和组织环境。一般有以下三种情况的决策模式适用：

– 情况 A：分数都很高

这个话题已经完成，大家都很满意；可以处理逻辑上的后续话题。比如，在 SWOT 分析中，可以过渡到战略规划的其他步骤。

– 情况 B：个别低分数

可以请打低分的人更详细地解释他们评分的原因，并讨论他们认为阻碍更高评分的因素。有时这些只是小事，有时这些是对事情的成功起到重要作用的根本性因素。进一步的行动视情况而定。

– 情况 C：普遍中低分

没有一个参与者对研讨会的结果真正满意。与情况 B 一样，这种情况也应该询问原因。

研讨会结果始终不令人满意的典型原因包括：没有邀请具有不同能力或权利的人参与该主题的工作，或者所处理的主题尚未“成熟”，无法做出决策（比如，因为该主题优先级不高，导致动机不足和关注度不够）等。在这种情况下，应该在以后的时间里，邀请其他参与者或以不同的主题再举办研讨会。

思考者委员会

SWOT 分析示例

	思考者委员会
15'	开场介绍
	进行过程中的 SWOT 分析
20'	开始 提出问题并收集回答
20'	中间 交流观点，达成共识
20'	结束 反思和改进共识
15'	总结陈词

目的

在关键时刻需要获得来自不同学科或领域的参与者的信息和观点。信息的接收者是一个人（或几个人）。

参与人数

3~9 人

持续时间

90 分钟（最多 120 分钟）

工具 / 材料

见第三部分“如何设计工具”

– 概念的视觉形式（比如 SWOT 分析）

– 合适的问题卡

– 便签

– 铅笔

开场介绍

介绍参与者

此处的开场介绍与“思考者三人组”的开场介绍类似，但是我们还是会在这里完整地进行一遍。这样你就可以一气呵成地读下去，不必来回翻阅。我们建议解决以下五点问题。

1 研讨会的目标确定

开场时，你需要先说明研讨会的意图。以“SWOT 分析研讨会”为例，你可以这样表述：“目标是弄清哪方面对进一步战略规划有影响。为此，我们想观察一下我们自己的公司和环境因素。在研讨会结束时，我们希望对情况有一个共同的认识（无论具体是什么情况），并明确下一步的行动。”

小建议

尽可能避免提及“SWOT 分析”一词，因为这会激发“快思考”，而这正是你想要避免的。

2 概念与材料

首先，你必须加以区分：你是使用参与者熟悉的概念（如 SWOT 分析），还是使用参与者尚未熟悉的新概念（如“解放性结构”等概念）？如果是未知的概念，你应该简单介绍一下，并说明你选择的理由。如果是众所周知的概念，最好什么都不提。

其次，你使用了什么工具？是否每个人都熟悉，还是大家都不太熟悉（比如，在虚拟研讨会中，使用创新的软件工具）？在开始研讨之前，你应该先介绍一下参与者不熟悉的工具，甚至还可以先一起练习。在下文中，我们假设进行的是一个面对面的研讨会。

3 程序的原则

介绍普遍的议程，并阐明该程序将促进“基于事实的信息分析，分为三个阶段”（开始、中间、结束）。如有必要，解释“时间框限”的原则。请参与者遵循以下准则，这些准则有助于快速、冷静地进入主题：

- 不要反问和讨论：“在评估个别事情之前，我们希望先认识到个别方面并了解整体情况。”
- 开放性问题：“这些卡片上的问题将对我们很有帮助（你可以把问题卡举在空中一会儿）。我们应有意保持这些问题的开放性，以便为所有的想法提供自由空间，而不是预设任何答案。”

4 角色和任务

解释“思考者委员会”的两个基本角色：

- 提问者（F）
- 回答者（A）

对话形式不需要主持人，但也可以安排一个主持人。如果没有主持人，则由领导者（即需要首先获得信息的人）担任提问者（F）的角色。

提问者的任务是收集其他参与者的知识和观点。为此，提问者手里要拿着问题卡。

提问者提问，其他参与者是回答者（A）。每位参与者都要写下自己的答案。因此，每个人都要准备好便签和一支笔。

5 空间定位

回答者（A）坐成一圈，这样他们可以有足够的空间来书写，而且不会看到其他人写了什么。提问者（F，在我们的例子中是领导者）处于中心位置，手中拿着问题卡。

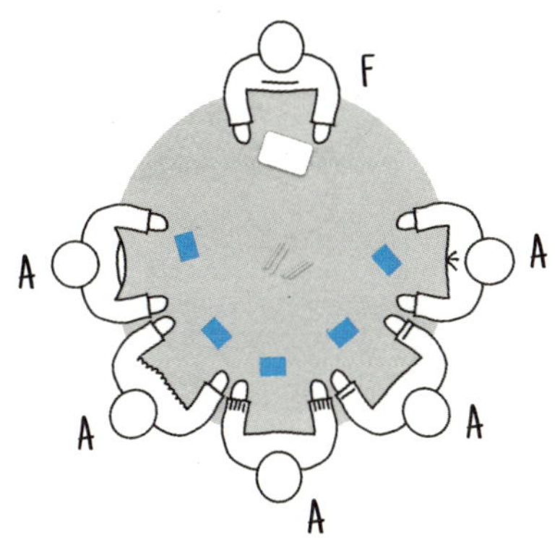

注意：提问者（F）应该事先确定要采用的视觉形式（这里是 SWOT 分析矩阵）。但不要让其他人看到。

进行过程

本节将阐述"'慢思考'的三个阶段"在研讨会上的具体应用。

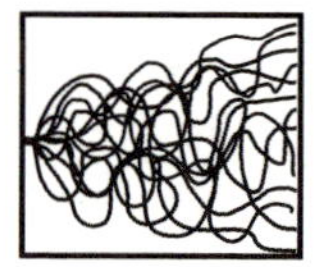

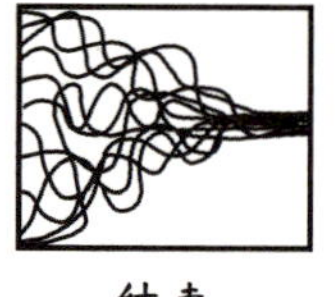

1 开始：询问和记录

提问者读出第一个问题。每个参与者都自己默默地回答这个问题。将答案记录在便签上。一段合适的时间之后，再提出下一个问题。

在使用问题卡时，以下内容被证明是有用的：

- 问题卡的内容和结构必须符合视觉形式的逻辑。
- 提问者应该对回答阶段执行明确的"时间框限"。对于复杂的SWOT问题，每个问题5分钟比较合适。时间要充分利用。因为最好的想法往往是在休息之后产生的。
- 提问者应该提醒参与者，字写得要足够大，要能够看得清。此外，一张便签上的想法不应超过一个。
- 提问者应该确保严格遵守"不要反问"和"不要讨论"的规则！换句话说：整个过程中不能说话（只可提问）。

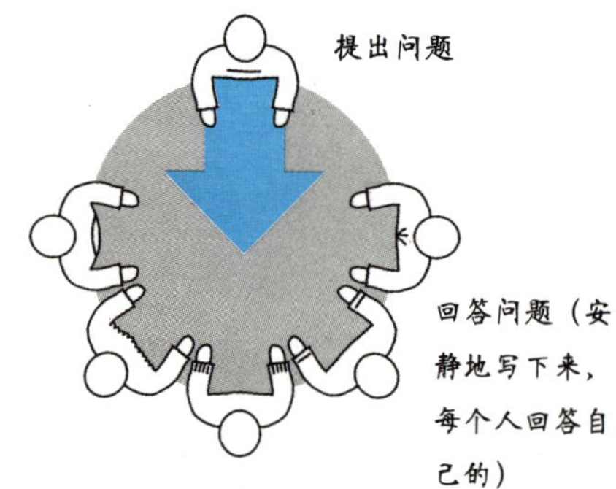

注意：这一步对应第一阶段的"发散思维"。

2 中间：可视化和理解

在回答完所有问题后，参与者转向 SWOT 分析矩阵（视觉形式）。现在矩阵上还是一片空白。

提问者（F）请第一个人上去，贴上他的便签并做解释。在这个过程中，提问者（F，即领导者）默默地听着，必要时做笔记。然后，第二个人以同样的方式继续，将这个过程依次进行下去，直到所有人的便签都贴上了并做了解释。在整个过程中，“不要反问”和“不要讨论”。另外，目前尚不用对此进行任何分类或协调。

接下来轮到提问者（F）了。他要着眼于整体情况，逐一总结他对每张便签的理解（“我理解了……”）。在这个过程中，提问者（F）可以移动、分类和整理便签。然后，他要说明还有哪些地方不清楚（“我还不明白……”），以及他认为应该补充的内容（“我想补充……”）。

其他人全程安静地听着，必要时做笔记。在结束时，参与者可以根据笔记内容，弄明白所有问题。

注意：这一步对应第二阶段的“转变视角”。

3 结束：反思和改进

视角转变之后，本轮可以进行总结性讨论。领导者现在对这个主题已经有了一个完整的了解，参与者也已经认识到观点、理解和假设的差异。现在可以使用这个结果改进工作。至于如何进行，这取决于受邀参加这个工作会议的领导者。

注意：这一步对应第三阶段的“聚合思维”。

179

第三部分

总结陈词

评估结果

“思考者委员会”的目的是让领导者获得新的见解，也旨在让所有参与者都能更好地理解主题。后者是有意义的，特别是如果研讨会的参与者要参与进一步的决策过程（关键词：实施），那么就应该一起评估研讨会结果的质量。

1 理解的质量

到目前为止，研讨会一直是头重脚轻的；我们只进行了集中的且慢慢的思考，现在是时候处理直觉了。首先，你可以弄清参与者是否认为他们马上就理解了这个主题（在示例中，即 SWOT 分析矩阵的结果图）：

- 准备一块白板，将其分成两栏。左边一栏的标题是：“我们有一个共同的理解。”
- 给出以下说明：“理解并不意味着同意！”
- 然后请参与者在便签上写下他们对该陈述的同意程度（0= 完全不同意；5= 完全同意）。
- 自己给个评价——就和所有其他参与者一样。
- 为了避免不必要的影响，你还是应该记住“不要反问”和“不要讨论”。

2 结果的质量

共同理解的程度可能很高，但这并不能说明参与者对研讨会成果的评价是“足够满意”还是“不满意”。

现在了解一下参与者对结果的评价如何：

- 为此，请在白板的右边一栏写上“我对结果是否足够满意”。
- 与之前一样，请参与者在便签纸上默默写下他们对该陈述的同意程度，从 0 到 5。
- 现在请参与者一个接一个地把他们的第一张便签贴在白板上，并进行简单的解释（最多 1 分钟）。
- 然后让参与者以相同的步骤给出第二张便签，以此类推。
- 现在你已经从参与者的角度了解了研讨会结果的质量。下一页的示意图对此进行了说明。

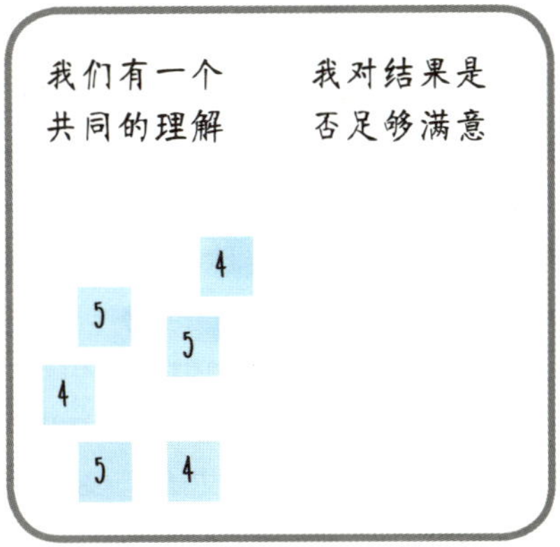

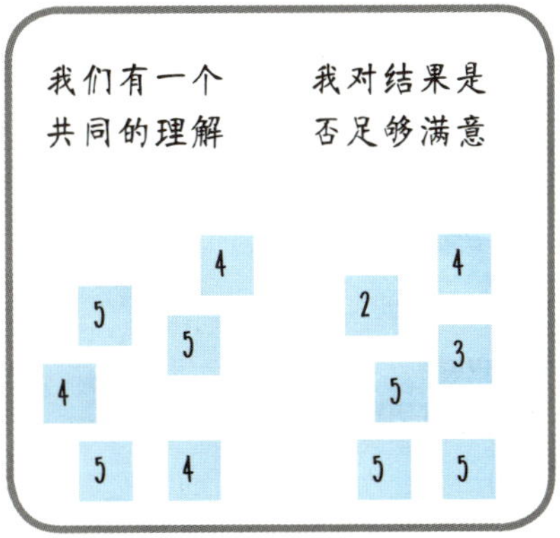

3 进一步的（思考）步骤

根据评估结果（见左图），现在参与者可以对进一步的行动做出决策。具体案例中的决策取决于主题、群体和组织环境。基本上有以下三种情况的决策模式适用：

- 情况 A：分数都很高

这个话题已经完成，大家都很满意；可以处理逻辑上的后续话题。比如，在 SWOT 分析中，可以过渡到战略规划的其他步骤。

- 情况 B：个别低分数

可以请打低分的人更详细地解释他们评分的原因，并讨论他们认为阻碍更高评分的因素。有时这些只是小事，有时这些是对事情的成功起到重要作用的根本性因素。进一步的行动视情况而定。

- 情况 C：普遍中低分

没有一个参与者对研讨会的结果真正满意。与情况 B 一样，这种情况也应该询问原因。

研讨会结果始终不令人满意的典型原因包括：没有邀请具有不同能力或权利的人参与该主题的工作，或者所处理的主题尚未“成熟”，无法做出决策（比如，因为该主题优先级不高，导致动机不足和关注度不够）等。在这种情况下，应该在以后的时间里，邀请其他参与者或以不同的主题再举办研讨会。

我们有一个共同的理解　我对结果是否足够满意

4 5 5 4 5 4

我们有一个共同的理解　我对结果是否足够满意

4 5 5 4 5 4　2 4 3 5 5 5

参考资料

Appelo, Jürgen,
Management 3.0,
Donnelley 2010.

Argyris, Chris,
Organizational Traps: Leadership, Culture, Organizational Design, New York 2012.

Barney, Jay, Cliffort, Trish,
What I Didn't Learn in Business School,
Boston 2010.

Boland, Richard, Collopy, Fred,
Managing as Designing, Stanford 2004.

Borgert, Stephanie,
Unkompliziert, Offenbach 2019.

Brown, Tim,
Change by Design: How Design Thinking Transforms Organizations and Inspires Innovation, New York 2009.

Cleese, John,
Creativity in Management,
Speech 1991 (Online-Video: 12.1.2018): https://youtu.be/Pb5oIIPO62g

Dobelli, Rolf,
Die Kunst des klaren Denkens,
München 2019.

Dörner, Dietrich,
Die Logik des Misslingens: Strategisches Denken in komplexen Situationen, Hamburg 2003.

Duarte, Nancy,
Resonate.Present Visual Stories That Transform Audiences, Hoboken 2010.

Förster, Anja, Kreuz, Peter,
Vergeude keine Krise!
28 rebellische Ideen für Führung, Selbstmanagement und die Zukunft der Arbeit, Heidelberg 2020.

Gigerenzer, Gerd, Kober, Hainer,
Risiko: Wie man die richtigen Entscheidungen trifft, München 2013.

Gilovich, Thomas, Griffin, Dale, Kahneman, Daniel,
Heuristics and Biases.The Psychology of Intuitive Judgement, Boston 2002.

Gloger, Boris, Rösner, Dieter,
Selbstorganisation braucht Führung: Die einfachen Geheimnisse agilen Managements, München 2014.

Gray, Dave et al.,
Gamestorming, A Playbook for Innovators, Rulebreakers, and Changemakers.
Sebastopol 2010.

Gray, Dave,
The Connected Company,
Sebastopol 2012.

Habermann, Frank, Schmidt, Karen,
Over the Fence – Projekte neu entdecken, neue Vorhaben besser durchdenken und gemeinsam mehr Spaß bei der Arbeit haben,

Berlin 2018.

Habermann, Frank, Schmidt, Karen,
Project Design – Thinking Tools for Visually Shaping New Ventures,
Berlin 2016.

Hock, Dee,
Birth of the Chaordic Age,
San Francisco 1999.

Jung, Carl Gustav,
Face to Face – an Interview (1959)
(Online-Video: 5.6.2018): https://youtu.be/2AMu-G51yTY

Kahane, Adam,
Transformative Scenario Planning, Working Together to Change the Future, San Francisco 2012.

Kahneman, Daniel,
Schnelles Denken, Langsames Denken,
München 2012.

Kahneman, Daniel,
Lecture With Nobel Prize-Winning Psychologist Daniel Kahneman
(Online-Video: 1.8.2019): https://youtu.be/l91ahHR5-i0

Kalbach, Jim,
The Jobs To Be Done Playbook: Align Your Markets, Organization, and Strategy Around Customer Needs, New York 2020.

Kaner, Sam et al.,
Facilitator's Guide to Participatory Decision-Making,
San Francisco 2014.

James, William,
The Will to Believe
(Online-Audio: 11.2.2019): https://youtu.be/Ho1xF2yhv6Q

Kotter, John,
Accelerate.Building Strategic Agility for a Faster-Moving World.
Boston 2014.

Laloux, Frederic,
Reinventing Organizations,
A Guide to Creating Organizations Inspired by the Next Stage of Human Consciousness, Brussels 2014.

March, James, Simon, Herbert,
Organizations, New York 1958.

Mintzberg, Henry,
Simply Managing: What Managers Do -and Can Do Better, Harlow 2013.

Moser, Christian,
Monster des Alltags, Hamburg 2007.

Osterwalder, Alexander, Pigneur, Yves,
Business Model Generation,
Hoboken 2010.

Pearce, Sue, Cameron, Sheila,
Against the Grain.Developing your Own Management Ideas, Oxford 1997.

Peters, Tom,
Re-imagine!
Business Excellence in a Disruptive Age,
London 2003.

Pflaeging, Niels,
Organize for Complexity,
How to get Life Back into Work to Build the High-Performance Organization,
New York 2014.

Pidd, Michael,
Tools for Thinking.
Modelling in Management Science,
Chichester 2011.

Pink, Daniel,
A Whole New Mind:
Why Right-Brainers Will Rule the Future,
New York 2006.

Plattner, Hasso, Meinel, Christoph,
Design Thinking,
München 2009.

Scheller, Thorsten,
Auf dem Weg zur agilen Organisation: Wie Sie Ihr Unternehmen dynamischer, flexibler und leistungsfähiger gestalten,
München 2017.

Schein, Edgar,
Helping.Understanding Effective Dynamics in One-to-One, Group, and Organizational Relationships,
San Francisco 2009.

Schein, Edgar,
The Corporate Culture Survival Guide,
San Francisco 2009.

Senge, Peter,
Die fünfte Disziplin, Stuttgart 1996.
Simon, Fritz,
Rech-Simon, Christel, *Einführung in Systemtheorie und Konstruktivismus,*
Heidelberg 2018.

Sterman, John,
Business Dynamics.Systems Thinking and Modeling for a Complex World,
Boston 2000.

Stickdorn, Marc et al.,
This Is Service Design Doing:
Applying Service Design Thinking in the Real World, Sebastopol 2018.

Thaler, Richard, Sunstein, Cass,
Nudge-Wie man kluge Entscheidungen anstößt, Berlin 2008.

Varol, Orzan,
Think Like a Rocket Scientist:
Simple Strategies You Can Use to Make Giant Leaps in Work and Life,
New York 2020.

Watzlawick, Paul,
Anleitung zum Unglücklichsein,
München 2007.

Watzlawick, Paul,
Wenn die Lösung das Problem ist,
Vortrag von 1987
(Online-Video: 12.3.2020): https://youtu.be/d7xxOKA4iro

Witt, Peter,
Besser entscheiden in unsicheren Situationen: Ziele bestimmen-Alternativen bewerten-Entschlüsse durchsetzen, Berlin 2018.

Wood, Wendy,
Good Habits, Bad Habits: The Science of Making Positive Changes That Stick,
New York 2019.

说明：

这不是所用文献的完整列表。这里列出了一个供进一步阅读和交叉查找的清单。如果你需要完整的列表，可以在“资料来源”中找到相应的链接。

漫画……
站在巨人的肩膀上

在这本书中，我们使用了一些漫画。其中有些引用了伟大艺术家的作品：

– 第 17 页：“工作的分割”

拉里·斯通（Larry Stone），《一束纸条》（*A Bunch of Strips*），2016 年。

– 第 101 页：“假设的墓地”

威利·米勒（Wiley Miller），《无厘头漫画》（*Non Sequitur Cartoon*），2012 年。

– 第 131 页：“决策小丑”

于尔根·托米切克（Jürgen Tomicek），《图林根州投票》（*Thüringen-Votum*），2014 年。

– 第 133 页：“‘新工作’绵羊”

加里·拉尔森（Gary Larson），《等一下，听我说》（*Wait, wait ... listen to me*），1989 年。

我们向所有的漫画家和其他绘画艺术家诚挚地说一声“谢谢”，他们从我们的童年时代开始就给我们以灵感和启迪，让我们会心一笑。

谜题解答

第26页：一个有关头发的问题

抽屉思维有助于解决这类问题：你只需要在互联网上“查找”两个数据：①柏林有多少居民：大约370万人；②一个人最多有多少根头发：大约19万根。这样我们就有了答案。因为如果柏林的居民数量少于19万人，那么就有可能每个人的头发数量都不同（从0到19万）[㊀]。但事实上，柏林有370万人，那么就一定有几个柏林人的头发数量相同。

第28页：每个开关分别对应哪盏灯？

如果我们将一盏灯的开关“打开”几分钟后将其关闭，再将另一盏灯的开关“打开”，然后迅速跑上楼。这样，我们就有一盏灯是开着的，一盏灯是关着的，还有一盏灯的灯泡比其他两盏灯的灯泡更热。问题解决了！

而且，这个办法也适用于LED灯（只需要你的手指对温度足够敏感）。

第29页：9个点

一种可能的解决方案是将这些圆点理解为面。下面是解决方案之一。

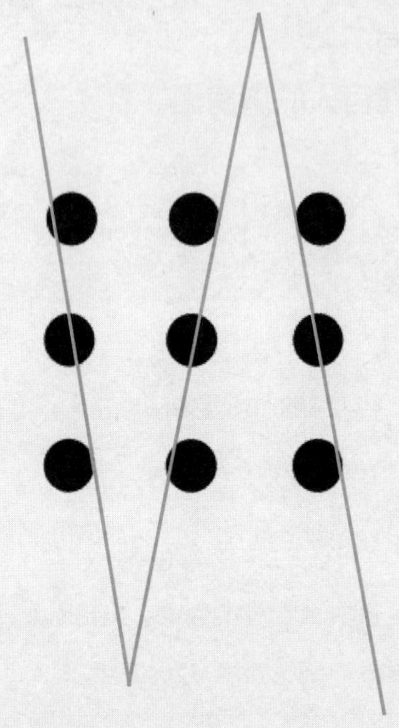

说明：

还有其他可能的解决方案可以从网上找到（比如，维基百科）。所有解决方案的共同点是，我们必须突破自己设下的狭小的思维牢笼。

㊀ 即运用“抽屉原理”：“桌上有10个物体，要把这10个物体放到9个抽屉里，无论怎样放，我们都会发现至少会有一个抽屉里面放不少于两个物体。”现将从1根到19万根的每种头发数量作为抽屉，共有19万个抽屉。居民人数小于或等于抽屉数量时，则一人一个抽屉是完全可能的，即每个人的头发数量都不同；居民人数大于抽屉数量时，必定有一个抽屉里有至少两个人，即有至少两个人头发数量相同，译者注。

资料来源

忠实于“Over the Fence”的理念，你可以免费下载这里介绍的所有工具和材料。我们也期待来自你的个性化要求。

- 决策画布　第 103 页

  PDF 文件，可自行打印或整合到 PPT 中（用于在线研讨会）。

- 决策画布的问题卡　第 104 页

  PDF 文件，用于 DIY 的“卡牌”打印模板。

- 决策故事　第 106 页

  PDF 文件，可作为模板填写的空白“故事卡”。

- 决策帽　第 87 页

  PDF 文件，可作为研讨会模板的基本表格。

- 决策角色　第 75 页

  PDF 文件，带有四个“决策帽”的核对表。

- 新型程度导图　第 89 页

  PDF 文件，可作为研讨会模板的基本表格。

- 不确定性导图　第 109 页

  PDF 文件，可自行打印或整合到 PPT 中。

- 我想如何做决策　第 135 页

  PDF 文件，包含七个决策阶段的海报。

- “慢思考”卡片　第 158 页

  PDF 文件，可开发视觉形式和制作问题卡。

你手上是一本领导者的手册，
一个决策过程的工具箱，
一个更好的合作理念的集合。

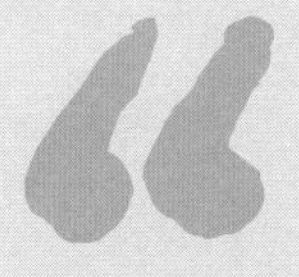

如果你总是在做你一直做的事，那么你只会得到你一直得到的东西。

——保罗·瓦兹拉威克

以新的方式思考和指导决策的时代已经来临！

——凯伦·施密特与弗兰克·哈伯曼